探索古墓
未解之謎

古墓充滿了謎樣的色彩，
它所散發的獨特氛圍，刺激著人們的想像，
它所蘊藏的金銀、珠寶、絲帛、書籍等，
給人們帶來無盡的驚喜。

張晶———編著

前　言

　　古墓充滿了謎樣的色彩，它所散發的獨特氛圍刺激著
人們的想像，它所蘊藏的金銀、珠寶、絲帛、書籍等給人
們帶來無盡的驚喜。

　　古墓的碑文為人們講述著一段段歷史、一部部傳奇；
古墓中的陪葬品為人們展現出墓主人生前的生活和時代的
特色，為人們所不能見的遙遠時空帶來動人的色彩，同時
也給人們留下了許許多多難以解開的謎團。

　　本書將帶我們穿梭於秀麗的山川、古老的城鎮之中，
去尋找塵封的遺跡、神祕的陵寢，接觸到奇珍異寶、神奇
陵寢以及神祕的墓主人，探索其中所蘊涵的故事和歷史，
追尋古老文明。

　　其內容主要包括，秦始皇陵封土來源之謎、李世民陵

墓之謎、明孝陵之謎、武則天的「無字碑」之謎、清昭陵之謎等中國帝王陵墓之謎；婦好墓的祕密、馬王堆漢墓中不朽的屍身、茹茹公主墓、楊貴妃墓、香妃墓等中國女子之墓的祕密；曹操七十二疑塚、三國英雄古墓、曹雪芹墓、陶淵明古墓等中國名人墓……

對不同墓葬中所呈現出來的墓主之謎、墓址之謎、陪葬品中所包含的祕密、墓葬形式之謎等，本書給予了生動、精彩的分析與解答，並從學術上進行剖析與探討。相信大家能在這個充滿謎團的世界裡，得到非一般的體驗；從生動的文字裡收穫豐富的知識。

編　者

中國帝王陵寢

目
錄

探索古墓
未解之謎

探索古墓
未解之謎

中國帝王陵寢

　　隨着時間的流逝，除了陵墓的主體，其他附屬建築多已毀壞。然而，外形雖毀，骨架尚存。那宏偉的規模、嚴謹的布局、殘留的陵丘，仍可顯示出西夏王朝特有的時代氣息和風貌。

　　西夏王陵除了讓人們充分地領略到西夏的歷史風貌以外，還給人們留下了許多難以解答的謎團……

印山王陵之謎

印山上的王陵

在浙江紹興城南的印山上，有一個總面積達八萬五千平方公尺的陵墓，這個陵墓以環境為界，因山起陵，構築巨大的封土丘，其規模龐大，級別較高，是古越國王陵。

這座陵墓的封土分為內外兩層，是經過細致夯打築成的，其外層封土較厚，土質為五花土，土中還夾雜有印紋硬陶與原始瓷碎片，這對判定該墓的年代有重要作用；內層封土雖然較薄，但也十分牢固，夯土中夾雜著開鑿墓穴時留下的碎石。

封土下是一座帶墓道的「甲」字形墓坑。這個墓坑與普通的「甲」字形墓坑不同，該墓的墓道與墓穴的總長有一百公尺，平均寬度卻只有十幾公尺。墓坑中填滿了致密的青膏泥，下面堆積著厚厚的木炭。青膏泥可以保持墓室的密封，隔絕氧氣；木炭可以去潮吸水，保持

幹爽。但奇怪的是，木炭堆積得並不平整，而是沿著墓室中軸的走向形成兩面斜坡，中間高高地聳起一道脊。為什麼會這樣呢？以前發掘時所見到的椁室成為長方形或正方形，但其頂部都是一個平面，兩面斜坡的形狀，誰也沒有見到過。難道是裡面的墓室被壓塌了，還是木椁上面還戴著「帽子」？清理掉木炭之後，才知道這下面放著的是一個長達三十多公尺、高近六公尺，截面為等腰三角形的木椁，木椁外面覆蓋著一百四十多層樹皮，樹皮被木炭染成了黑色，乍看上去彷彿一段黑色的火車車廂。這樣奇怪的景象，讓人感到驚嘆。該墓也是迄今為止發現的唯一一座三角形墓室。

與眾不同的地宮

　　這座與眾不同的三角形墓室是用五十多根長五‧九公尺，截面邊長為六十到八十公分的巨大枋木搭建而成的。枋木排成兩列，柱頭相

撐，上面縱向壓著半圓形的木柱形成屋脊。每根枋木上都精心漆過，搭建完成後，椁內又整體塗過一層漆，有些地方到現在仍然光亮可鑒。墓室的兩端還立著封門柱與後牆。可能是由於遭受過盜墓賊的洗劫，偌大的墓室內顯得空空蕩蕩，僅存一具用整棵大樹雕成的獨木棺，孤零零地擺放在墓室正中，棺內也已經不見屍骨了。

值得慶幸的是，還有一批玉器保存了下來。其中，有用來壓鎮席子的圓形刻花玉鎮十七件，龍首的鉤狀玉器兩件……等等。最重要的是，還出土了幾件珍貴玉質

兵器，包括一支玉質寶劍，兩件白色玉鏃等。另外，在墓室中還發現了一件灰綠色柳葉形石矛，斷面為菱形。精美的石器在古代也是被視為玉的。

印山大墓中為什麼會出現玉質的兵器呢？《越絕書》中有這樣的記載：「至黃帝之時，以玉為兵，以伐樹木為宮室，鑿地。」內容主要是先秦時期人們對黃帝的想像——用玉造兵器，砍伐樹木建造宮殿，挖地為穴而葬。這不也是印山大墓的真實寫照嗎？由此看來，也

許是因為當時流傳著有關黃帝的這則傳說，而讓這位越王起了效仿上古聖君之意，所以就為自己建造了這樣一座風格獨特的木質三角形地下宮殿，又使用玉質的兵器為自己陪葬。那麼，這位頗具個性的越王是誰呢？

墓主的猜想

透過細致地分析填土中的印紋硬陶與原始瓷殘片，專家們認定該墓葬的年代應是春秋末期。那一時期，紹興地區是越國的統治中心。生活在春秋末年的越王有兩位，一位是允常，另一位則是他的兒子——勾踐。那這個陵會是哪一位的陵寢呢？經過各方調查發現，這座墓是勾踐墓的可能性較小。文獻中有記載，勾踐曾經在獨山為自己修建了一座陵墓，所以，印山王陵應該是允常的墓。

關於允常的墓，文獻中也有記載：「木客大塚者，勾踐父允常塚也。初徙琅琊，使樓船卒二千八百人伐鬆柏以為桴，故曰木客。」那麼，這會不會就是傳說中的「木客」呢？經過學者的調查，驚喜地發現原來印山在當地還有一個名稱，就是「木客山」。

綜上所述，印山王陵應是越王允常的陵墓。這個說

法也得到了大多數專家的認同。但此墓的年代還值得商榷，也還有很多的祕密未能解開。

相關連結

越王允常簡介

允常是春秋時期越國的君主，他在他的父親夫譚死後繼位。公元前四九七年，允常去世，君主之位由他的兒子勾踐繼承。允常雖然沒有他的兒子出名，但對越國來說，他卻是最重要的一代君主。

越王勾踐劍之謎

公元前四九六年，吳王夫差為報父仇，攻打越國，大獲全勝，從此，越王勾踐淪為階下囚，並被扣押在吳國長達三年之久。勾踐在吳國忍受了三年的屈辱生活後回到越國，在大臣范蠡、文種的輔佐下，臥薪嘗膽，勵志圖強，經過十年的努力，勾踐終於使越國由弱轉強。

越王勾踐臥薪嘗膽的故事，已經過去了兩千多年，然而有趣的是，一九六五年十二月，在湖北一個叫望山的地方，竟然出土了一把鋒利如初的青銅劍。經過考證，證實劍的主人就是越王勾踐。這柄劍如同它的主人一樣，充滿了傳奇的色彩，同時它也是越國那段歷史的見證者。

出土地之謎

　　這柄越王勾踐劍出土時，置於棺內人骨架的左側，並插在塗有黑漆的木鞘內。劍長五十五・六公分，劍形挺拔、莊重，製作精良考究，保存完好如新。劍身上面滿飾黑色菱形暗紋，劍格的一面是由綠鬆石組成的美麗圖案，另一面則鑲嵌著藍色琉璃，整個裝飾顯得華貴、典雅。靠近劍格處有兩行錯金鳥篆銘文「越王勾踐，自作用劍」。劍柄以絲纏繞。劍出鞘時寒光凜凜，耀人眼目，劍刃薄而鋒利。雖然這柄越王勾踐劍是作為陪葬品被放置於棺內的，但棺內的這副骨架卻並不是越王勾踐。人們不禁要問，為什麼它會出土於遠離越國故地的楚地呢？

　　有人認為，這柄珍貴的青銅劍是在楚國滅亡越國的戰爭中被楚軍繳獲，然後作為戰利品而流入楚國貴族手中的。楚國貴族死後則把它作為陪葬品伴隨身邊；還有人認為，這把劍是越女嫁給楚國時的陪嫁品，因為根據歷史記載，越王勾踐的女兒是楚昭王的寵姬。關於楚越之間的關係，在《左傳》、《史記》、《吳越春秋》等書中都有記載。在楚威王以前，楚越的關係還是很密切

的，而根據同墓出土的大批竹簡得知，該墓入葬的年代為楚威王或楚懷王前期，所以說越王勾踐劍是因贈送而自越傳入楚地的可能性也是有的。然而，因為缺乏史料記載，這柄越王勾踐劍到底是兩國友好時、越國贈送給楚國的禮品，還是戰爭時楚國從越國繳獲的戰利品，便成了歷史上的一個謎。

造劍之謎

劍是一種做直刺用的兵器，因此在鑄造的過程中，必須要保證其強度。據現代科學分析，越王勾踐劍主要以青銅鑄造，但其劍身又含有適當的錫，這樣既保證了劍的強度，又保證了劍的延伸性。而且越王勾踐劍因其各個部位的作用不同，銅和錫的比例也不一樣——劍脊含銅較多，能使劍韌性較好，不容易折斷；而劍刃的部分含錫較高，這樣就能使劍非常鋒利。但不同成分的配比在同一把劍上又是怎樣鑄成的呢？

專家們考證後認為，這是採用了復合金屬工藝，即兩次澆鑄，使之復合成一體。這種復合金屬工藝，世界上其他國家是到近代才開始使用的，那麼兩千多年以前的越國人，又是如何掌握和使用這門技術的呢？這對我

們來說也是一個謎。

千年不銹之謎

越王勾踐劍深埋地下兩千多年，為何不生銹呢？根據現代科學測定，劍的表面大部分地方，含有不同比例的硫化銅，這種物質是可以防銹的。因此，有的專家認為，兩千多年前的人們，已經掌握了運用硫化銅進行表面防銹處理的先進工藝，這就是這柄劍千年不銹的原因。但另一種看法則認為，越王勾踐劍千年不銹的真正原因，在於其特殊的密封條件。關於越王勾踐劍千年不銹的真正原因，專家們尚在進一步的探討之中。

秦陵地宮之謎

秦始皇陵是一座充滿了神奇色彩的地下「王國」，它吸引了無數人的關注。人們總是猜想，有著如此驚世駭俗規模的陪葬坑的秦陵地宮究竟是怎樣的呢？

水銀之河

民間傳說，封土堆只不過是秦陵地宮的門樓，在其之下有一條地下長河，直至驪山九龍頭的巨峰之下。神奇的是，河裡所有的並不是水，而是水銀，這些水銀一直流淌到地宮中央宏偉華麗的大殿裡。大殿上空懸掛著一個巨大的金鐘，四角掛著四個金鈴。水銀河在大殿裡旋轉迂迴，河中有一條放著

金棺的船往返漂動。船會先漂至殿角碰撞金鈴，再漂至大殿碰撞金鐘。據說，農曆每月十五的夜裡，如果人們趴在秦陵四角，耳朵貼近封土，便可聽到清脆的金鈴聲。

關於開鑿這條水銀之河的原因，有人認為是因為秦始皇生性多疑，擔心死後被仇人盜掘墳墓，因此在地宮中注入水銀，防止外人入侵。也有人認為，地宮中的水銀是為了讓入葬的屍體以及隨葬品長久不腐爛。那麼，這條神祕的暗河是否真的存在呢？

據《漢舊儀》記載，李斯對秦始皇說：「臣帶領七十二萬人在驪山修陵墓，已經挖深至極，鑿之不進，燒之不燃，叩之空空，如下無狀。」秦始皇說：「鑿不進，燒不燃，旁行三百丈乃止。」三百丈是古人行文中的一種模糊說法，指極長。「旁行三百丈」可能就與這條水銀之河有著某種聯繫。

司馬遷和班固都曾經對此事做過類似的記載，可以肯定，這兩位大史學家絕對不會憑空臆造此事，雖然他們的記載只有寥寥數語，卻勾勒出了地宮的基本輪廓。

地宮布局

《史記》中記載，地宮「上具天文，下具地理」。

據考古學家推測，地宮的墓室頂部應繪有或刻有日、月、星象圖，再以珍寶鑲嵌，即所謂「上具天文」；以水銀為江河大海在下作百川河流，即所謂「下具地理」，再加上百官位次和宮觀，構成一幅地下宇宙圖。在這個地下宇宙裡，秦始皇仍是最高主宰者。關於陪葬品，在秦朝以前就有以奇珍異寶陪葬的習俗。由此可以推斷，秦陵地宮的珍寶之多是難以想像的，可能堆滿了地宮裡的每一個空間。至於秦陵地宮的深度，人們各有說法，有人說是三十公尺，有人說是五十公尺。但據考古學家推測，三十公尺較為可信。

秦陵地宮裡還有大量的暗道機關，暗道通向各個陪葬坑。當暗道裡的機弩發射時，定是像飛蝗一樣密集。不過據考古專家推測，經過兩千餘年，機弩的木製部分已經腐爛，但金屬部分應該仍保存較好。人們最感興趣的是秦始皇的棺木，這也是秦陵的核心。二十世紀九〇年代，著名華裔科學家李政道推測，棺木應該是銅製的，墓室用石料砌成後澆上銅汁，相當堅固。加上水銀的防腐作用和銅汁澆鑄的墓室的防水作用相配合，秦始皇的遺體應當保存得非常好。

另外，令考古學家感興趣的，還有秦陵地宮內可能

存有的大量文書。當年秦始皇焚書主要是焚諸子百家的書，因此，除此以外的各種典籍、檔案，在地宮應都有保存。總之，秦陵地宮的真面目究竟是怎樣的，大概只有等它被挖掘之後，謎底才能被揭開。

秦始皇陵封土來源之謎

一九七四年，一個偶然的機會，西安的一位農民在挖井時挖出了陶俑。考古學家得知消息後，繼續深度挖掘，終於發現了被稱為「世界第八大奇蹟」的秦始皇陵兵馬俑。自從兵馬俑被發現之後，人們對秦始皇陵就更加期待了。然而，中國考古學界的權威人士卻在一九九四年突然宣布：我們這一代人甚至下幾代人，都不考慮開挖秦始皇陵。這個消息，讓秦始皇陵變得更加神祕。

秦始皇陵位於驪山和渭水之間，考古學家已探明秦始皇陵的布局。秦始皇陵築有內外兩重夯土城垣，象徵著都城的皇城和宮城。內城略呈方形，周長三千八百九十公尺，除北面開兩門外，其餘三面各開一門；外城為長方形，周長六千二百九十四公尺，四面各開一門。秦始皇陵的封土（指帝王陵墓地表以上的陵體）位於內城南部，呈覆斗形，底邊周長一千七百餘公尺。由於封土受到風雨侵蝕，現僅高五十一公尺。據《漢書・楚元王

傳》記載，秦始皇陵「高五十餘丈，周回五里有餘」，即封土高一百一十六公尺，底邊周長兩千多公尺。如果史書的記載完全真實，那麼封土的原始規模就比現存的要大得多。令人迷惑不解的是，這麼多的土究竟來自何方呢？

民間流傳的說法認為：封土來自咸陽市北的北蟒山。傳說，洪荒之初，秦川一帶還是一片汪洋，西海龍王料定洪水之後秦川就是天府之國，於是派一個龍子到此安家落戶。這條龍長大以後，就化身為北蟒山，蟄伏於涇渭之間。秦始皇選中驪山的墓址後，有人獻計說：「咸陽北蟒山原本是龍，假如割下龍頭搬到驪山，築成封土坐鎮四方，可得江山永固。」秦始皇聽後大喜，下令斬下龍頭運往驪山。

誰料，龍頭的開挖並不順利，白天挖一塊，晚上長一塊，無論如何就是斬不斷。秦始皇大怒，命令幾十萬人晝夜不停地挖。當龍頭快被斬斷時，忽然間，狂風大作、電閃雷鳴，天昏地暗，龍頭塌落成為一灘淤泥。即使是這樣，秦始皇還是不達目的絕不罷休，硬是讓百姓將淤泥炒乾運往驪山。儘管是傳說，但是秦陵自古以來就沒有大樹，據說就是與當年炒土有關。現在的石榴樹

是一九六二年以後才栽種的，因為表土經人類多年墾植已經熟化，故能栽樹。雖然現在的考古學家認為，秦陵的封土可能來自距秦始皇陵二‧五公里的魚池村，並對此進行過勘察。但是，直到今天仍沒有確切的證據來證明這一結論。

秦始皇陵被盜之謎

相傳，秦始皇陵曾經遭到過多次盜掘和焚毀。這種傳說是否屬實？如果是事實，那麼破壞秦始皇陵的又是哪些人呢？

項羽損壞

在班固的《漢書》中有這樣的記載：「項羽燒秦宮室，掘始皇塚，私收其財物。」意思是，項羽的軍隊火燒秦咸陽宮，又掘始皇陵，搶去陵中財物。書中又有「項羽入關發之，以三十萬人三十日運物不能窮。」即項羽三十萬人的軍隊在此盜掘一個月，仍未能把寶物盜完。據專家考證，項羽火燒秦陵建築是事實，但是否進入地宮則不得而知，並且「三十萬人三十日運物不能窮」這一描述，也是值得懷疑的。

牧童無意焚毀

另據《漢書·楚元王傳》記載：「牧兒亡羊，羊入

其鑿，牧者持火照求羊，失火燒其藏槨。」說的是，牧童發現有幾隻羊掉進了地洞，就打著火把進去找羊，結果湊巧走進秦始皇陵的地宮，最後一不小心，失落火把，燒著了秦始皇陵。這個記載顯然有誤，因牧童之事發生於項羽之後，而此時西漢政府已派專人守護皇陵，牧童又何以能進入皇陵？所以這純屬編造。

黃巢掘墓

至於黃巢掘墓的說法，可能性也不大。史書中關於農民起義軍盜墓的記載頗多，但大都是封建文人所寫，他們對農民起義軍恨之入骨，因而記載中多是誣蔑。如果黃巢帶領起義軍盜墓，必然會留下大規模盜掘的痕跡，但今天的考古工作者在秦始皇陵的封土堆上，卻找不到被盜掘的痕跡，雖在封土堆的西面和東北面各發現一個盜洞，但這兩個洞都只有九公尺深，且直徑都只有一公尺，因此盜墓者根本無法通過這些盜洞進入到地宮裡。

那麼，秦始皇陵究竟有沒有被盜掘過呢？

有人認為，之所以會出現秦始皇陵屢遭盜掘的記載，是因為在《史記》中有對秦陵地宮中金銀財寶的描寫，這必然會引起盜墓者的覬覦，同時也會引起人們的

猜測，便出現了各種各樣的附會。然而我們並不排除歷代確有許多人欲在此進行盜掘的事實，但從現在的情況來看，似乎都未成功。據《史記》記載，地宮裡注滿水銀，而且各陪葬坑都裝有暗弩，一觸即發，這些對盜墓者無疑都是巨大的威脅。因此，雖然有無數盜墓者垂涎皇陵地宮的陪葬品，但沒有人敢冒死深入到地宮之中。秦始皇陵是否被盜，目前有多種猜測。如果有朝一日秦始皇陵被發掘，真相將會大白於天下。

秦始皇陵兵馬俑之謎

秦始皇陵兵馬俑陪葬坑坐西向東，三坑呈品字形排列。最早發現的是一號俑坑，呈長方形，東西長兩百三十公尺，南北寬六十二公尺，深約五公尺，總面積一萬四千兩百六十平方公尺。一號坑四面有斜坡門道，左右兩側又各有一個兵馬俑坑，現分別稱二號坑和三號坑。還有一個未建成的兵馬俑坑，為四號坑。在這些俑坑中，有陶俑、陶馬共八千件。陶俑身高一‧八公尺左右，神態各異，整裝待發，渾然一體；陶馬則昂首肅立，肌肉豐滿，栩栩如生。在人們嘆服這些陶俑、陶馬的完美之餘，卻有一些疑問至今仍無法解答。

兵馬俑為何而建

有人認為，秦始皇陵兵馬俑是秦始皇加強中央集權的象徵，大批兵馬俑的軍事陣容正是秦王朝強大軍事實力的形象再現。也有人說，兵馬俑軍陣是一項未完成的

工程，全部建成後應有五萬個兵馬俑。這個龐大的軍陣按前、後、左、右、中配置兵力，實為秦軍演習所用的八種陣法裡最基本的方陣。但兵馬俑軍陣的建造和排列到底有何目的，又蘊含著什麼深意，一時還沒有解答。

兵馬俑中為何沒有統帥俑

秦始皇陵中的陶俑無論是步兵、弩兵、騎兵還是車兵，都屬於武士俑，並不見統帥俑，這是為什麼呢？

有人認為，這可能是按照秦朝時的軍事制度來塑造的。在秦始皇時期，每次出徵前都由秦王指令一名將帥任統帥。而修建作為指揮部的三號坑時，將帥還未任命，工匠們也不敢隨意塑造全軍統帥。也有人認為，可能是因為秦始皇就是秦軍最高統帥，為維護皇帝的絕對權威和神聖尊嚴，自然就不會把秦始皇的形象塑在兵馬俑中。這兩種說法都還在猜測階段，至於為什麼兵馬俑沒有統帥俑這個問題，目前尚無定論。

陶俑製作之謎

兵馬俑坑中的陶俑和陶馬均為火候高、質地硬的泥製灰陶。經觀察，沒有發現模製跡象，因此兵馬俑肯定

是被工匠們一個一個塑造而成的。陶俑、陶馬身上原來都繪有鮮艷的顏色，但因俑坑被毀，加

上長期埋於地下，致使顏色幾乎全部褪盡，但從殘留的色彩仍可窺見當初顏色的種類——綠、粉綠、朱紅、紫藍等。各種色調和諧、艷麗，增添了整個軍陣威武雄壯的氛圍。

　　這些陶俑、陶馬在地下掩埋了二十多個世紀，出土後仍然保持了色澤純、密度大、硬度高的特點，真正達到了「爐火純青」的境界。當代的製陶工藝大師經過十多年的努力，也僅能仿造一些簡單的陶俑，仍舊無法仿造出一匹陶馬。而且，建造數量如此巨大的兵馬俑，只能就地取材，就地燒製。學術界一直認為兵馬俑是利用豎穴式窰爐燒製而成的，可令人疑惑不解的是，人們至今沒有在兵馬俑坑附近發現一處燒製兵馬俑的窰址。所以，直到今天，兵馬俑是如何建成的，仍是一個未解之謎。

兵馬俑的主人之謎

兵馬俑坑距離秦始皇陵很近，因此人們很自然地就認為兵馬俑坑是秦始皇陵的陪葬坑，是皇陵建築結構的組成部分之一。這樣一來，在人們的心目中，秦始皇就是兵馬俑的主人。然而近年來，有人對這一觀點提出了質疑，使這一公認的說法變得撲朔迷離。

武器之謎

塑造俑作為陪葬品是春秋時期起就有的慣例。那時的人們迷信地認為，用大量的兵器和兵馬俑來陪葬，是為了保護死者的靈魂不受侵犯，這就為兵馬俑是秦始皇陵的陪葬坑一說提供了證據。但是細心的人發現，兵馬俑的俑坑裡只有青銅武器，而沒有當時新式的鐵兵器。這讓人不禁疑惑，為什麼不用先進武器來守衛亡靈呢？所以有人提出兵馬俑坑其實是一種紀念碑性質的建築物。好大喜功的秦始皇為了紀念戰功而修造此坑，因此

只是陳列了當年徵戰殺伐的青銅武器。

秦始皇統一天下後，曾下令沒收天下兵器，將所有兵器銷毀、熔鑄，以示永遠罷兵。可兵馬俑坑裡出土的大量兵器讓人吃驚。如果這裡是秦始皇陵的陪葬坑，那麼誰會拿自己的頭顱開玩笑，違禁埋葬這麼多武器？這就證明了兵馬俑坑不是陪葬坑。

有人考察了出土的銅鈹的年代和武士俑身上的銘文，提出了秦昭王之母——秦宣太后是兵馬俑的真正主人，兵馬俑是為了護送死後的太后回老家而修造的。同樣，這個觀點也存在問題，譬如說俑坑裡有的兵器的時代，比秦宣太后生活的時代要晚半個世紀，這又是為什麼呢？

軍陣之謎

在兵馬俑的一號坑和二號坑裡，發掘出許多戰車和兵士。這些戰車和兵士編組成數組，採取車陣攻防結合的方式，車人協同，互相掩護，坐如盤石，動如滾雷，威力無比。很顯然，戰車是這支部隊的基本作戰工具。可是，據古籍記載，秦始皇時期大量使用的是步兵和騎兵，而對於戰車，則根本沒提及。

兵馬俑衣服色澤之謎

　　秦始皇統一六國後，規定「衣服、旌旗、節旗皆為尚黑」，即那時的人們是一律穿著黑色衣服的。可是，俑坑中的武士俑們身上穿的長戰袍或短褐都是五顏六色、鮮明艷麗的，這就讓人百思不得其解。難道這些兵馬俑真的和秦始皇無關？如此謎團重重，使得人們至今未找出兵馬俑的真正主人。

漢代玉衣之謎

　　玉衣是漢代皇帝、諸侯王和高級貴族死後專用的一種殮服，史書上稱為「玉匣」或「玉柙」。玉衣是用金絲、銀絲或銅絲，將許多四角鑽有小孔的玉片編綴起來做成的，分別稱為「金縷玉衣」、「銀縷玉衣」和「銅縷玉衣」。但玉衣的形狀究竟是什麼樣的呢？直到一九六八年，人們才有幸看到了它的真面目。

　　一九六八年，考古工作者在河北省滿城縣的一座小山丘上發現了西漢中山靖王劉勝和他妻子竇綰的墓。在劉勝和竇綰棺內的屍體位置上，散落著許多小玉片。經過考古工作者的精心研究和修整，終於復原出了兩套完整的玉衣，使我們第一次看到了玉衣的真面目。

　　復原後的這兩套玉衣均分為頭部、上衣、褲筒、手套和鞋五大部分，各部分都由許多三角形、長方形、梯形和圓形等形狀的玉片組成，每塊玉片上都有許多小鑽孔。整套玉衣是用纖細的金絲將這些鑽有小孔的玉片編

綴而成的，因此這兩套玉衣均為「金縷玉衣」。劉勝穿的玉衣較肥大，頭部的臉蓋上刻劃出眼、鼻和嘴的形狀，腹部和臀部凸鼓，褲筒製成腿部的樣子。玉衣全長一‧八八公尺，由兩千四百九十八塊玉片組成，用於編綴的金絲約重一千一百克。竇綰的玉衣比較短小，沒有做出腹部和臀部的形狀，可能是出於對女性形體的避諱。

金縷玉衣是漢代規格最高的喪葬斂服，大約出現在西漢文景時期。據記載，漢代帝王下葬都用「珠襦玉匣」，即「金縷玉衣」。可是，用玉衣作葬服不僅沒有實現王侯貴族們保持屍骨不腐的心願，反而招來盜墓毀屍的厄運，許多漢王帝陵往往因此而多次被盜。到三國時期，魏文帝曹丕下令禁止使用玉衣，從此玉衣便退出了歷史舞臺。

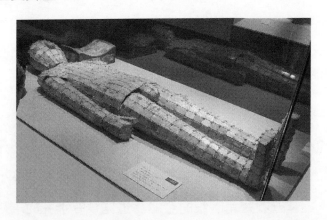

玉衣的用途

為什麼漢代人喜歡用玉衣當殮服呢？這與當時人們的迷信思想有關。在漢代，人們深信玉能使屍體不腐，玉塞九竅，可以使人的精氣長存。所謂九竅就是指兩眼、兩鼻孔、兩耳孔、嘴、生殖器和肛門。出土的玉衣經常就搭配有用玉做成的眼蓋、鼻塞、耳塞、口琀、罩生殖器的小盒和肛門塞。

玉衣製作之謎

如此精美的玉衣，在兩千多年前的西漢時期是如何製作出來的呢？這讓今天的人們疑惑不解。玉衣的製作是一個非常複雜的過程，所用的玉料要經過開料、鋸片、磨光及鑽孔等一系列的工序，每一片玉片的大小和形狀都必須經過精心設計和細致加工。

據測定，玉片上有些鋸縫寬僅〇‧三毫米，鑽孔直徑僅一毫米，其工藝流程之複雜、精密程度之高令人驚訝。整個玉衣製作過程所花費的人力和物力是相當驚人的。據推算，漢代製作一件玉衣，需耗費一名玉工十餘年的精力。這些玉衣是由何人設計的，又是如何製作

的，這些至今都還是未解之謎。

 相關連結

漢代皇帝

東漢的小皇帝最多。東漢共有十三個皇帝，十五歲以下登基的竟有八個！其中，最小的是殤帝劉隆（一〇五年至一〇六年在位），他在襁褓之中的時候就當上了皇帝。

李世民陵墓之謎

唐太宗李世民，是唐朝第二位皇帝，也是中國歷史上最出名的政治家與明君之一。他將華夏繁華推向歷史巔峰，功蓋寰宇。李世民對自己皇陵的建造，改變了前朝封土為陵的陵寢制度，而是因山為陵。他還曾下旨薄葬，

將陵墓修於九嵕山之中。那麼，李世民的陵寢到底是什麼樣的？是不是真的薄葬呢？

下旨薄葬

杜甫的《重經昭陵》中寫道：「草昧英雄起，謳歌歷數歸。風塵三尺劍，社稷一戎衣。翼亮貞文德，丕承戡武威。聖圖天廣大，宗祀日光輝。陵寢盤空曲，熊羆守翠微。再窺鬆柏路，還見五雲飛。」唐關中十八陵分

布在關中地區，它們的占地面積為三千平方公里。其中一座「因山為陵」的帝陵就是昭陵。

昭陵位於九嵕山，在今陝西省禮泉縣內。九嵕山九峰俱峻，俯瞰神州，縱橫起伏，巍峨壯美，唐太宗對此山十分滿意，於是下旨「昔漢家皆先造山陵，既達始終，身復親見，又省子孫經營，不煩費人工，我深以為是。古者以山為墳，此誠便是。我看九嵕峰，山孤聳回繞，因而傍鑿，可置山陵處，朕實有鍾焉之理。」（《唐會要‧陵議》）也就是說，李世民因山為陵的初衷是薄葬。那麼，李世民真的如他所標榜的那樣薄葬而終嗎？

史載唐太宗皇后長孫氏薨逝後，皇帝親命匠人築造昭陵，「鑿石之工才百餘人，數十日而畢」。唐太宗撰文刻字於碑上曰：「王者以天下為家，何必物在陵中，乃為己有。今因九嵕山為陵，不藏金玉、人馬、器皿，用土木形具而已，庶幾好盜息心，存沒無累。」與以往朝代畢一生之時而修建陵墓的統治者相比，唐太宗愛妻的陵墓的確簡約，完全稱得上薄葬，至此天下人對皇上的薄葬舉動深信不疑。但在長孫皇后去後的十三年裡，李世民一面標榜自己開自古帝王薄葬之先河，一方面卻始終沒有停止對昭陵的營造，其規模之大可想而知。五

代時曾有人發掘昭陵，「見宮室制度，宏麗不異人間，中為正寢，東西廂列石床，床上石函中為鐵匣，悉藏前世圖書，鍾王筆跡，紙墨如新。」（《新五代史·溫韜傳》）昭陵規模宏大、富麗奢華可見一斑。原來唐太宗的薄葬竟是一個彌天大謊！

那麼，昭陵究竟為何要因山為陵？又為何要對天下施放薄葬的煙幕彈呢？唐太宗生前，大臣虞世南曾上疏道：「自古及今，未有不掘之墓。」原來因山為陵、下詔薄葬都是為了防盜墓賊。然而在漫漫歷史長河中，就算英雄豪傑最終也難免化為一抔黃土，無數堅石、盤石建造的陵墓都沒有逃脫被盜的厄運。如今的昭陵只剩下陵前的一座座石刻，映襯著挺秀的九嵕山峰，在夕陽中拉長身影，講述著太宗皇帝亙古無雙的豐功偉績。

昭陵的全貌

究竟這座唐陵有怎樣磅礡的氣勢？

昭陵所處地勢開闊，規模恢弘。陵園占地面積達兩萬公頃，周長六十公里，城垣環山起伏。經考古調查，昭陵城垣各角皆有角樓。由於城垣殘毀嚴重，城門的具體情況已無從查考，能夠根據文獻確認的只有南門和北

門而已。如歷代帝陵一樣，昭陵的建築分為地上禮制建築和地宮兩部分。昭陵早年被盜，地宮卻未經發掘，因此那神祕的地下宮殿的容顏還不為世人知；昭陵地面上的建築，根據相關文獻的記載，主要有獻殿、祭壇、寢宮和後宮。

獻殿又稱享殿，是供祭日上陵朝拜、祭獻和陳列死者生前用物的地方。獻殿位於山陵南部，面積達四十餘平方公尺。遺址中出土了大量建築飾件，其中有一件巨大的鴟尾，高一‧五公尺，寬一‧六公尺，長一公尺，獻殿舊址的昔日雄偉可見一斑。祭壇位於陵山北麓，是祭祀之所。經勘測，祭壇平面略呈梯形，遺址東西長五十三‧五公尺，南北寬八十五‧五公尺。

寢宮又稱上宮，坐落在陵山北部，是極為重要的祭禮禮儀場所。《全唐文》中有「寢宮便殿，用奉衣冠」的記載，可知寢宮的功能在於祭禮時奉衣冠之用。下宮又稱後宮，為守陵人的居所，作為供奉帝王日常飲食起居之用。宋代宋敏求的《長安志》記載昭陵下宮原在山上，唐德宗貞元十四年（七九八年）為火焚毀，後移建於陵山西南側。由於缺少考古材料的證明，下宮宮址至今無從考證。

乾陵無頭石像生之謎

乾陵位於陝西乾縣城北的梁山上，距西安八十多公里，是唐朝第三代皇帝唐高宗李治與他的妻子武則天的合葬陵。

據史書記載，建成後的乾陵規模宏大，僅外城周長就近四十公里。二十世紀五〇年代末，幾位村民在一次施工中無意發現了乾陵的墓道，經考古工作者全面勘察，發現乾陵並沒有被盜的痕跡，也就是說乾陵是唐代十八座帝王陵中唯一一座未遭盜的陵墓。在乾陵陵園朱雀門外的東西兩側，分布著六十一尊石像生，其中東邊二十九尊，西邊三十二尊。石像生採用的是原雕的手法，現存的石人像殘高在一·五公尺至一·七七公尺之間，大小和真人差不多。石像生大多體形健壯，幾乎每個石像生的肚子都被刻意雕刻成凸出的形狀。但是令人奇怪的是，這六十一尊石像生都沒有頭顱。這為什麼呢？它們的頭顱去哪兒了呢？

番臣守靈

　　史學家根據乾陵的建造背景和石像生背部的文字記載進行多年考證後，認為這六十一尊石像生應該叫六十一番臣像。

　　它們都是依照當時唐王朝屬下的一些少數民族酋領、朝廷文武官員和外國國王、王子以及特使的真人形像雕刻而成的。石像生有的身穿圓領口、緊袖口的武士袍，有的身穿寬袖、圓領褶袍，有的身穿翻領的窄袖短袍，有的肩掛弓，有的腰佩刀，形態各異。唐朝統治者安放這些番臣像，意在宣揚大唐王朝國力雄厚、統治四夷以及記錄當時番臣歸命中央與宿衛宮闕的歷史事實。

石像生為何沒有頭顱

關於石像生頭顱的去處，在民間有許多種說法。最流行的一種說法是：明末清初時，一個外國使節後代到乾陵來遊玩，發現他的祖先在給大唐的皇帝守靈。他認為這有失國格，有辱人格，想將其毀掉，但又怕打碎石像生會遭到當地政府官員的懲罰，於是他想了一個裝神弄鬼的辦法——此後每天晚上，他都到附近的農田裡去糟蹋莊稼；等附近農民怨聲載道以後，他又故意去散布謠言，說親眼看見那些守靈的石人半夜化成人形，跑到農田去糟蹋莊稼。他還假惺惺地給農民出主意，說要保護糧食，就必須把這些石人消滅，把它們的頭敲碎，這樣它們就不能成精了，當地農民信以為真，一氣之下就把所有石像生的腦袋都打碎了。

明朝的開國元勛劉伯溫曾到過乾陵，並留下了「蕃王儼侍立層層，天馬排行勢欲騰」的詩句。由此可推斷，劉伯溫當時所見的石像生是完好無損地立於陵墓周圍的。然而在明朝末年一些詩人描寫乾陵的詩中出現了「赤馬剝落離倒旁」的句子，也就是說，那時乾陵的石像生都已經紛紛倒在地上了。詩中所描述的石像生倒地

的時間似乎與上文中的民間傳說是吻合的。

　　還有一種說法，傳說是八國聯軍侵華時，看見唐乾陵前立有外國使臣的群像，感到有辱洋人的臉面，於是把石人的頭砍掉了。但據歷史學家考證，八國聯軍當時並沒有到過乾陵。事實的真相究竟如何，至今無人知曉。

 相關連結

石像生

　　石像生，又稱為「翁仲」，是帝王陵墓前安設的石人、石獸的統稱。它的作用主要是顯示墓主的身分等級地位，也有驅邪、鎮墓的含義。

武則天的「無字碑」

中國歷史上第一位也是唯一一位女皇帝武則天，衝破男尊女卑的羅網，打碎封建思想的桎梏，創造了舉世無雙的封建統治神話。武則天生前權傾天下，唯我獨尊，可令人費解的是，這位不可一世的女皇，死後卻立了一塊無字石碑。這究竟是為什麼呢？對於這塊至今仍佇立於陝西省乾縣城北梁山上的「無字碑」，大家眾說紛紜。

有人認為，武則天立「無字碑」是為了誇耀自己的無量功德，以示自己的高功大德非文字所能表達，於是取《論語》中「民無德而名焉」之意，故立「無字碑」。有人則認為是因為武則天自知罪孽深重，如在碑文中歌功頌德，必遭後世唾罵，所以還是不寫碑文為好。甚至還有人按照封建正統論的觀念來評價她，認為她改李唐為武周，愧對祖先，罪大惡極，故自然難以立碑。還有人認為，武則天有自知之明，立「無字碑」係其遺言，

是留待後人來評價她的功過是非，即「己之功過，由後人評定」。也有人認為，武則天根本就沒有留下遺言要給自己立「無字碑」，而是中宗李顯認為母親功高蓋世，故立「無字碑」，以盡其孝，以樹其威。更有人認為，武則天雖然與唐高宗合葬，但事實上她確曾君臨天下，改唐為周。若要樹碑刻字，不論是稱皇帝還是皇后，都難以落筆，權衡再三，還是立「無字碑」更為恰當。總之，武則天陵前的那座「無字碑」究竟有何意義，相信隨著研究的深入，一定可以得出一個比較合理的結論。

 相關連結

武則天檔案

中文名：武曌　　別名：武則天、武媚娘

出生日期：六二四年初

逝世日期：七○五年冬

職業：大周皇帝

主要成就：廢唐，改國號為周，成為中國歷史上唯一一個正統的女皇帝。

探索遼太祖陵寢

遼太祖耶律阿保機（八七二年至九二六年），是遼王朝的開國君主，在位二十年，即帝位十一年。他善騎射，明達世務，一生留下諸多的豐功偉績。死後，他的陵寢蒙上了一層謎樣的色彩。如今，遼太祖的陵寢——明殿的地點已經有了精確的定位，考古學家們透露，陵寢保存完好。那麼一代開國君主的陵寢，之前是不是沒有任何人打擾過呢？

其實，早在遼王朝敗亡時，他的陵寢就遭遇了劫掠，遼太祖陵的地面建築被燒毀，其中的金銀珠寶也都盡落他人之手。然而，遼太祖陵並沒有因此而得到安寧。二十世紀二〇年代至三〇年代，日本人在遼太祖陵舊址處大肆搜查，想要挖出遼太祖的陵寢，卻沒能夠精確定位出其位置所在。

那麼，遼太祖的陵寢到底在何處呢？據了解，遼代帝王都是將陵寢修建在深山之中的。而有文獻記載，遼

太祖耶律阿保機的陵寢就建於祖山之上。那麼，祖山又在什麼地方呢？有關的文獻記載十分有限，而根據一九四九年之後的調查，基本斷定祖山的位置在今內蒙古巴林左旗哈達英格鄉石房子村西北，也就是當年契丹先祖的發祥地。

就在二○○三年，考古工作者在進行實地調查時，在祖山發現了石像生、石牆遺跡以及三座遼代墓葬。根據地望和相關遼代帝陵的形制，學者們判定這次調查發現的石像生即是遼太祖陵的石雕，石牆則是遼太祖陵陵園的圍牆，而三座遼墓便是遼太祖陵的陪葬墓。這一發現再一次確定了遼太祖陵的位置。遼太祖陵是阿保機駕崩後，由他的皇后述律氏主持修建的，工程歷時一年，與中原王朝歷代帝王即位起便修建陵寢，動輒修建幾十年的大舉動相比，遼太祖陵的修建時間的確過於短促。但《遼史·地理志》中記載，遼太祖陵建制完善，氣勢宏偉，具有相當的規模。

遼太祖陵是鑿山為陵，修建於山勢險要的祖山山谷之中，通向遼太祖陵的山谷中有兩座巍峨的石峰，高昂屹立，猶如巨龍，這就是文獻中記載的「黑龍門」，也就是遼太祖陵的大門。遼太祖陵的地宮稱為「明殿」，

「明殿」南邊有用以祭祀的「膳堂」；「明殿」東側的碑亭中，是記錄阿保機遊獵的石碑，再東側則有碑樓，其中立碑以記述太祖阿保機的創業之功。而遼代效法漢製，陵園中自然也少不了石人、石獸等地面石刻。根據相關的文獻記載可以了解到遼太祖陵的布局和規模，但是想要真正地揭開遼太祖陵的面紗，探尋遼太祖陵地宮的祕密，唯有等到地宮挖掘出來的那一天。關於耶律阿保機與遼太祖陵，這個草原帝國開國君主及他死後葬身的陵墓，有著很多或見於正史或流於民間的傳說。

耶律阿保機三十歲時被推選為部落的軍事統領，率領驍勇善戰的契丹人四處征伐，使契丹一族在北方草原迅速崛起。九〇七年，阿保機被部眾推舉為契丹可汗，正式建國，國號契丹。九一六年正月，阿保機正式稱帝，建都上京。作為一位馬上皇帝，阿保機一生馳騁沙場，建功無數，最終開創了縱橫北方的大帝國——大遼王朝，後病逝軍中。

據記載，阿保機的皇后述律氏在阿保機下葬時悲痛欲絕，竟要以身殉葬，在大臣的極力阻攔下方才作罷。可她還是砍斷自己的右手，以斷腕隨葬丈夫。當時那悲壯的一幕，令後人震驚。述律皇后是遼代第一位稱制的

太后，她的鐵腕手段聞名當時。她狠心以斷腕殉葬的舉動，不知是否真的源自她對丈夫的深切之愛，可後來修建的義節寺斷腕樓卻孑立於祖州城，講述著這個慘烈的故事。今日的遼太祖陵墟址猶存，那位開疆拓土、建功立業的一代帝王的雄風依稀可見，只是不知我們何時才能一睹遼太祖陵地下建築的廬山真面目。

宋陵選址之謎

　　北宋定都開封，前後有九個皇帝臨朝，除徽宗趙佶、欽宗趙桓被金兵擄囚，死於漠北以外，其他七個皇帝，加上趙匡胤的父親趙宏殷共七帝八陵，都選址於河南省鞏義市。宋陵總面積約三十平方公里。那麼，趙匡胤為何要將陵墓選在遠離都城的鞏義呢？

　　其實，趙匡胤原本打算在洛陽定都，他覺得開封地處平原，無山川之險，還經常要遭受黃河帶來的水患；洛陽是歷代王朝之都，山水絕佳，進可攻，退可守，頗具山河之勝。

　　而在選擇陵園的位置方面，趙匡胤特別看重「風水」，他當上皇帝的第三年，便在洛陽附近尋找了一處風水寶地——鞏義，並將他父親的棺槨遷了過去。按古人的說法，鞏義是個「山高水來」的陰宅吉地。它位於嵩山北，是為陰；位於黃河以南，亦為陰，符合了「山之北，水之南」的「風水」要求。正所謂「南山北水，

山高水來就福貴不斷」，看來鞏義實乃北宋不可多得的皇家塋地。

關於遷都的事，因趙匡胤忙於統一全國而被耽擱下來，待他想起時，開封的經濟、文化各方面都有了很大的發展，短時間內便成了當時世界上最繁華的大都市。於是，趙匡胤漸漸地打消了遷都洛陽的計畫。而宋陵的陵址卻永遠地選在了距洛陽不遠的鞏義。

還有一件讓人感到奇怪的事──包括永昌陵在內的八座宋陵都是南高北低，居於最崇高地位的陵臺卻處在各自陵區的最低處。到這裡瞻仰宋陵，絲毫沒有皇帝高高在上的感覺。這些皇陵幾乎躺在了人們的腳下，這和歷代皇帝的埋葬方法完全不同。

那麼，宋陵為什麼會有如此奇怪的選擇呢？有人認為，如此選擇還是和「風水」有關。在唐宋時期，流行「五音利姓說」的風水理論，趙姓屬於角音，對應「五行」中的木，木生東方，陽氣在東（開封），趙家皇帝必須在西方安葬，且陵地需要東高西下，所謂「東高西下為之角地……南高北下為之徵地，角姓亦可居之」。所以宋代的皇陵都南高北低，形成了一種倒仰的姿勢。

西夏王陵中的謎團

西夏王陵是西夏王朝的皇家陵寢，位於寧夏回族自治區銀川市西郊賀蘭山東麓。它的占地面積為五十平方公里左右，東西寬約五公里，南北長約十公里，主要包括八座王陵及七十多座陪葬墓，被人們稱為「中國的金字塔群」。隨著時間的流逝，除了陵墓的主體，其他附屬建築多已毀壞。然而，外形雖毀，骨架尚存。那宏偉的規模，嚴謹的布局，殘留的陵丘，仍可顯示出西夏王朝特有的時代氣息和風貌。西夏王陵除了讓人們充分地領略到西夏的歷史風貌以外，還給人們留下了許多難以解答的謎團。

王陵主體保持完好之謎

西夏王陵的其他建築多以磚石建成，而王陵主體卻是以夯土築成。奇怪的是許多磚石結構的建築已經因風雨的侵蝕而傾塌了，但以夯土築成的王陵主體卻巍然獨

存。根據年代推算，最早的一座王陵距今約九百年，最晚的一座也超過七百年了。夯土建築為何能歷經如此漫長的歲月而屹立不倒呢？至今，人們還沒有得出準確的結論。

王陵上寸草不生之謎

西夏王陵所處之地——賀蘭山東麓，是牧草豐美之地。西夏王陵的四周也多是牧民放牧牛羊的好地方，可是夯土築成的陵墓上卻寸草不生。這是為什麼呢？

有人說，陵墓是夯土築成的，既堅硬又光滑，所以不會長草。可是即使是比泥土更堅硬的石頭，只要稍有裂縫，落下草籽，也能長出草來，更何況是用夯土築建

成的陵墓呢。還有人說，當年建造陵墓時，所有的泥土都是熏蒸過的，失去了使野草得以生長的養分，所以長不出草來。可是熏蒸的作用能持久到將近千年嗎？陵墓上難免有隨風刮來的帶有草籽的浮土，這些浮土是未經熏蒸的，為什麼也不長草呢？

鳥兒不落王陵上之謎

在人煙稀疏的西北地區，鳥類要比其他人口密集的地區相對多一些，特別是烏鴉和麻雀這種繁殖力較強的鳥類。在烏鴉和麻雀遍地的銀川市，鳥類四處落腳，有的落在牛羊背上，有的落在樹上，還有的落在建築物上。可奇怪的是，牠們好像約好了似的，全都不曾落在王陵上。這又是為什麼呢？

布局謎

王陵按時間順序或者說帝王的輩分大體上由南向北排列，但是，每座王陵的具體位置安排卻似乎又體現著什麼事先做好的規劃。如果從高空俯視，好像是組成了一個什麼圖形。

成吉思汗陵墓之謎

　　成吉思汗，名鐵木真，蒙古族，廟號元太祖。他建立了歷史上空前規模的蒙古大帝國，促進了世界性的政治、經濟和文化交流，讓蒙古族在十三世紀的百餘年間成為中國和世界歷史上的主角。他也成為中國歷史上赫赫有名的帝王，讓全世界對其刮目相看。

　　依照當時漢族的禮儀，像成吉思汗這樣偉大的人物死後必定要修建規模龐大的帝陵，但是當時的蒙古並不是這樣的。所以，如今不但找不到成吉思汗的陵墓在哪裡，就連他的孫子忽必烈以下的各位朝皇帝的陵墓也沒有找到。

　　一二七七年，成吉思汗率軍攻打西夏時病故。因為成吉思汗曾下旨「祕不發喪」，所以他的遺體被悄悄地送回故鄉。《元史》中有記載：「國制不起墳壟。葬畢，以萬馬蹂之使平，彌望平衍，人莫知也。」意為陵墓被深埋地下，上面以萬馬踏平，墳地最終成為森林，

沒有人知曉。所以，想要找到成吉思汗葬在何處是一件艱難的工程。也許有人會說，在今內蒙古鄂爾多斯高原的鄂爾多斯市伊金霍洛旗，不就有座成吉思汗陵墓嗎？其實，這只是後來建造的象徵性的陵寢。那麼，成吉思汗的遺體到底葬在何處呢？史書眾說紛紜。

其中，《馬可‧波羅遊記》裡記載的文字指出，成吉思汗遺體安放在阿爾泰山上。成吉思汗在率兵遠征西夏時死於甘肅清水縣，他臨終前命令祕不發喪，以免渙散軍心。於是諸將把他的靈柩運回蒙古安葬，「在把君主的靈柩運往阿爾泰山的途中，護送的人將沿途遇到的所有人作為殉葬者」。而中國史書中對於成吉思汗的所葬之處的記載並不詳細，有的說是「起輦谷」，有的則說是「不兒罕山」（今蒙古國的大肯特山）。

考古學家們還曾在新疆北部阿爾泰山脈所在的青和縣三道海附近，發現了一座人工改造的大山，懷疑是成吉思汗的葬身陵墓，但是未能得到確認。

成吉思汗同元代所有的君主墳墓都沒得到考證，可能是和元代的喪葬風俗有關。元朝雖然入主中原，卻保留了蒙古族的習俗——貴族實行祕密潛埋。有史料記載，蒙古貴族死後不起墳，埋葬之後，「以馬蹂之使

平」，然後在這片墓地上，當著母駱駝的面把子駱駝殺死，淋血在地上，派千騎士兵守護。到來年的春天，草生長茂盛之後，士兵遷帳撤走，而一般人所看到的只是茫茫草原，不知其墓地所在，如果皇帝要祭祀時，就拉著那隻母駱駝引路，若見到母駱駝悲鳴之處，就算是墓地。因墓地上無任何標誌，所以無法辨認靈柩真正的所在地。

而坐落在內蒙古伊金霍洛旗阿騰席連鎮的成吉思汗的陵園，號稱「八白室」，是由八間白色的建築構成。由於蒙古貴族有葬後滅跡、不留墳塚的習俗，埋葬地點不為人知，所以，為了紀念祖先，便創立了經常可以祭祀的靈廟，這種靈廟就叫做「八白室」。《蒙古源流》中記載：「因不能請出金身，遂造長陵共仰庇護，於彼處另立白屋八間，在阿爾臺山陰、哈岱山陽之鄂托克地方建立陵寢，號為索多博克達明成吉思汗。其後遂留傳至今。」

成吉思汗陵之所以會選在這裡，相傳是因為成吉思汗率兵征討西夏，路經鄂爾多斯高原的時候，來到了這個地方。這時正是春天，這裡水草豐美、花鹿出沒。成吉思汗看後，十分陶醉，久久不忍離去。他在沉思很久

之後，對周圍人說：「這個地方太美了，我死後就葬在這裡吧！」

成吉思汗在西征的第二年（一二七七年）病死在清水縣軍中。他的屬下準備將他的靈柩運回故地安葬，但靈車路過鄂爾多斯草原時，車輪突然深陷地裡，人架馬拉，都紋絲不動。這時，大家想起了成吉思汗生前的話，於是，就地將成吉思汗安葬在了鄂爾多斯草原上，並留下五百戶「達爾扈特」人守護。從此，他們便把這稱之為伊金霍洛，意為「主人的陵園」。

成吉思汗陵的現有建築，是一九四九年以後重新修建的。一九三九年抗日戰爭時期，德王祕密派遣蒙奸、漢奸進行陰謀活動，企圖將成吉思汗陵盜竊去歸綏。內

蒙古廣大人民得知這一消息後，提出了強烈抗議。在廣大人民和抗日愛國人士沙王等提出遷移的呼籲下，國民黨政府被迫成立移陵委員會，和沙王等人一起辦理移陵之事。陵於一九三九年五月開始遷移，先遷到了甘肅省榆中縣興隆山，在榆中縣放置了十一年後，又移至青海省塔爾寺。一九四九年以後，應內蒙古各族人民的要求，由內蒙古自治區組成迎接成吉思汗靈柩回蒙的代表團，專程前往塔爾寺，於一九五四年四月一日將靈柩接回伊金霍洛。此後中央撥專款八十萬元，重建了陵園。

 **相關連結**

蒙古草原

鄂爾多斯草原地處鄂爾多斯市。它以得天獨厚的地理位置、自然風光與該地自然淳樸的民俗風情、人文景觀融為一體，吸引著過往的遊客。

明孝陵之謎

　　據說，明孝陵是明代開國皇帝朱元璋和皇后馬氏的合葬陵墓。此墓坐落在南京市東郊紫金山南邊的獨龍阜玩珠峰下，它東毗中山陵，南臨梅花山，是南京最大的帝王陵墓，也是中國古代最大的帝王陵寢之一。

　　明孝陵規模宏大，建築雄偉，形制參照唐宋兩代的陵墓而有所增益。此陵占地長二十二‧五公里，圍牆內宮殿巍峨，樓閣壯麗，南朝七十所寺院中有一半被圍入禁苑之中。陵內種有十萬株松樹，養有一千頭鹿，每頭鹿頸間都掛有「盜宰者抵死」的銀牌。明朝時期，為了防止孝陵被盜，內設神宮監，外設孝陵衛，有近一萬軍士日夜守衛。

　　我們現在只知道明孝陵是朱元璋的陵寢建築，但其地宮的具體位置在哪裡，卻眾說紛紜，尚無定論。加之曾有朱元璋下葬時，十三個城門同時出殯和葬於南京朝天宮、北京萬歲山等民間傳說，讓朱元璋是否真的葬在

明孝陵，成為數百年來人們心中揮之不去的謎團。

朱元璋是否葬在獨龍阜

專家們採用的精密磁測技術是根據物體磁場原理，透過探測地下介質（土、石、沙及人工物質）磁場的空間分布特徵，根據其空間磁力線分布圖像的不同，輸入計算器分析，來判別地下掩埋物是否存在，如存在，其形製又如何。

最初的測網布置乃以明樓為中心。探測結果發現這條中軸在線沒有想像中的地下構築物。透過異常的向東南延伸的磁導信號，找到了寶城內明孝陵地宮的中心位置，確認朱元璋就葬在獨龍阜下數十公尺處，而且這座地下宮殿保存完好。

墓道為何彎曲不直

明孝陵與歷代帝王陵寢相比，有許多不同之處，其中之一就是墓道彎曲不直。透過探測，結果發現竟是兩種不同的岩石所致。明樓以北的山坡，地下由兩種不同岩石組成，西側是中侏羅紀的礫岩，東側是稍晚的長石石英砂岩。這兩種岩石本身的磁性差異很大，更奇怪的

是，這兩種不同岩體的接觸接口呈南北走向，並且位置也靠近明樓中軸線，開始時被誤認為是墓道。

由於西側岩石硬度強，開挖困難，專家根據寶城內的地質特徵猜測，不排除這樣一種可能：當年明孝陵的建築工程主持者已注意到本地岩石的磁性差異，而修改了原有的施工方案。

明孝陵地宮確實在獨龍阜下，其墓道偏於寶城一側的做法，起因是什麼，目前尚不可知，但這種做法一直影響著明代後來的帝陵規制。如北京明十三陵中已發掘的定陵，其墓道入口便是偏向左側，與孝陵墓道正好相反，但避免把墓道開在方城及寶城中軸在線卻是它們共同遵循的法則。

卵石的用處

考古人員還發現獨龍阜山體表面至少有百分之六十的地方是經過人工修補堆填的，寶頂上遍布有規則排列的大量巨型卵石。經過研究分析，這些巨型卵石是當年造陵工匠用雙手從低處搬運上去的。這樣做是帝陵美學的要求，還是為了防止雨水對陵表的沖刷和盜陵者的掘挖呢？至今還無人能給出答案。明孝陵坐北朝南、依山

傍水，堪稱風水寶地。它留給世人的謎團也散發著神祕魅力，給後人留下了廣闊的想像空間。

 相關連結

朱元璋檔案

中文名：朱元璋

別名：朱重八

民族：漢族

出生日期：一三二八年

逝世日期：一三九八年

信仰：佛教

在位時間：一三六八年至一三九八年

神祕的古墓之謎

　　建文帝因削藩，而導致叔父燕王發動「靖難之役」。他的帝王之旅，也因此只持續了四年就宣告結束，之後的去向不明，其陵墓的所在地也成了一個謎。如今在福建上金貝發現了一組古墓，那麼，這墓真的是六百多年來史學家苦苦尋找的明朝建文帝的陵寢嗎？

神祕古墓

　　上金貝位於寧德蕉城金涵鄉，共八十戶三百多人口。二〇〇八年初，一位當地幹部在規劃上金貝旅遊線路時，發現了這座規格超乎尋常的古墓。這座神祕古墓

的發現，為上金貝抹上一層神祕的色彩。

二〇〇八年二月三日，福建省文博專家、原福建省博物館副館長王振鏞率隊前來展開考古調查。經過六天的探研，專家們初步確認，上金貝古墓造於元末明初至今已有六百多年的歷史，是目前該省發現的規模最大、最為奇特的僧人墓。

墓主人是誰

對於僧人墓這一說法，也並不是十分確定的。此墓充滿了謎團，其形制奇、墓刻落款奇，讓人感到十分神祕。所謂形制奇，第一，僧人去世後一般建塔不建墓，此墓卻標示為「塔」，這十分奇怪；第二，墓的整體宏偉壯觀，格局非同一般，三層六闊的墓坪，處處體現出一種縮小了的皇家氣派；第三，墓的各種構件精致豪華，弧形條石砌為高大圓拱，更令人耳目一新。這些顯然不是尋常和尚所能夠擁有的，墓主人的身分非同一般。

至於墓刻落款奇，該墓舍利塔墓刻落款為「御賜金襴佛圓明大師第三代滄海珠禪師之塔」，但沒有鑴刻朝代和紀年。對此，有人是這樣解讀的：「圓明」為「明朝和功德圓滿」之意。那麼，誰的功德最圓滿？當然是

皇帝（指朱元璋）。「第三代」是孫輩之意，與「朱允炆是朱元璋之孫」暗合。「滄海」是法號，暗喻神州一統的帝王心理。「珠」是俗家名字的後一字，是「墓主姓朱」的隱喻。而朝代、紀年的有意空缺，恰恰印證了墓主人不能告人的特殊而神祕的身世。鑒於此，該古墓有可能就是六百多年來，史學家苦苦尋找的明朝建文帝的陵寢。

何處出逃

那麼，這真的是建文帝的墓嗎？由於歷史原因，此墓已經被盜三次以上，如今墓室空空如也。想尋找建文帝由浙入閩和他隱居金邶寺的證據，以證明古墓墓主就是建文帝朱允炆的陵寢，就得從古墓與古寺上下手了。首先，要找出建文帝當年逃亡的路線。

在浙江找到的《罪惟錄》《致身錄》《從亡隨筆》原文中，有一些線索：明末清初大史學家查繼佐應是第一個系統地研究建文帝下落的學者，他列舉了二十三種當時有關於建文帝行蹤的傳說。歷代專家學者的論述只涉及到二十一種，獨缺漏了兩種，而這兩種偏偏都與福建有關。

建文帝從哪裡逃出來？《致身錄》云：「大內火起，帝從鬼門遁去，從者二十二人。」鬼門在當時的南京城光華門內，可以從水路直通神樂觀。研究小組比較贊成此種說法，理由有二：一是「鬼門」直通秦淮河，可達神樂觀，神樂觀位於當時的南京城東南方向，是當時的南京城外交通最便利之處；二是從近年南京城城建挖掘時，發現的多處地下涵洞（即明皇城下水道，也即史書上所說之「鬼門」），為其從「鬼門」南逃之說提供了依據。

逃亡線路

建文帝出逃後的路線是怎樣的呢？專家們一致認為，從神樂觀直接逃至浙江浦江縣鄭義門的說法較為可信。清代修的《浦江縣市》、《蘭溪縣志》均有記載建文帝在鄭義門及皇回寺隱避的事。

經過多方考證得知，號稱「江南第一家」的鄭氏家庭教師即是朱元璋四大謀臣之一的宋濂。鄭氏第二十六代孫鄭洽就是伴隨建文帝出逃的二十二名近臣之一，建文帝會到鄭義門與皇回寺，實與此人有關。鄭洽終身追隨建文帝，矢志不移，最後客死他鄉。建文帝在鄭義門

時，曾遭鄉人陳忠舉報，鄭宅因而遭三千多名御林軍和錦衣衛搜查，建文帝被藏於結滿蛛網的枯井內，躲過一劫。隨後由鄭義門轉移到皇回寺。

由種種記載和考證得知，建文帝從「鬼門」突圍，離開南京城後，第一個停駐點應在神樂觀。從神樂觀出發，乘船沿臙脂河南下，到達溧水後，改走陸路。經溧陽沿官道入浙，到達浦江縣鄭宅鎮鄭義門。

建文帝入閩

在《續修四庫全書‧史部‧別史類》中的《別史類‧罪惟錄》中有這樣兩條重要線索記載：「一云，帝削髮於淮清橋，從太平門乘馬出歷池州，渡浙江，投義門鄭氏……旬日去之，如餘姚石梁王氏。歷溫州，入閩。」「一云，建文帝攜一子至浦江鄭氏家，後又納一妾，生四子……而帝左腋有痣，初別鄭氏時，留龍綱為記，走住福州雷峰寺（疑為雪峰寺之筆誤）。三保下洋遇之，泣拜於地，為之摩足。帝微囑三保舉事，泣對不能，別去後，徙廣東某

寺。」可見，建文帝一行是沿著餘姚、溫州一線，由浙入閩的。

對上述兩種逃往福建的說法，「由溫州入閩」一說得到相關人員的重視。「由溫州入閩」，第一站應是原福寧縣勸儒鄉地界（今福鼎市地界）。據福鼎市與蕉城區兩地的家譜與口碑資料，原福寧縣勸儒鄉與寧德縣（今蕉城區）境內的昭明寺、國興寺、祭山寺、龜山寺，在永樂年間，被朝廷派兵焚毀，和尚悉數被殺。蕉城區金涵鄉一帶群眾作證說，多年來，不斷有文物販子從金涵鄉一帶收購走金佛、玉碗、玉箸，以及刻有「大內御用」字樣的端硯等，還有刻在金邶古寺後水井井壁上的「蒙泉，住山倉海作」等遺墨。

想要證實「由溫州入閩」以及「由福寧至寧德」這兩種說法，還需要進一步搜尋線索，尋求物證，相信蒙在上金貝古墓上的神祕歷史面紗終將被揭開。

明十三陵碑文之謎

　　中國歷史上出現的無字碑很多，最有名的當屬武則天的無字碑，它給人們留下了很多遐想。但像北京明十三陵這樣，十三陵中有十二陵無碑文，還是獨一無二的。

　　在北京的明十三陵中，只有明成祖朱棣的長陵的石碑上有碑文，其餘十二陵的石碑上都沒有碑文，成為無字碑。那塊唯一有碑文的長陵石碑，正面刻有「大明長陵神功神德碑」字樣，下面刻有朱棣兒子明仁宗親自題寫的為其父歌功頌德的三千餘字的碑文。

　　既然十三陵中第一陵有碑文，為何接下來的卻又無碑文呢？一種說法認為，皇帝功德太大，無法用言詞表達，乾脆不寫了。另一種說法是明太祖朱元璋曾有聖

諭，說皇陵碑記都是一些儒臣粉飾之詞，不足以為後世子孫敬戒。所以，明朝的官吏無人為皇帝撰寫碑文，這責任便落到了繼位的皇帝身上。

據史料記載，明十三陵從第二陵開始後的六陵，開始都沒立碑，補立的六塊碑是在嘉靖年間花了六年時間做成的。做成之後，按祖訓應由當朝皇帝為其撰寫，但當時嘉靖皇帝沉迷於聲色，對此根本不感興趣，直到他去世也沒寫出一篇來，所以這六塊碑一直沒有碑文。之後的皇帝看到祖宗碑上沒有碑文，再立碑時也就空下來不寫了。

 相關連結

碑文

碑文，是指刻在豎石上的文字。這種體裁有文，有銘，有序。墓碑是碑文的一種。這類碑文是贊頌死者的，贊其人，不涉及成神顯靈等怪事。在中國文學史上，寫墓碑的大師主要是漢朝的蔡邕和唐朝的韓愈。

清昭陵之謎

清昭陵即清太宗皇太極的陵墓，占地面積十六萬平方公尺，是中國現存最完整的古代帝王陵墓建築之一。

孝莊皇后為何未葬昭陵

在民間有著「生同衾，死同穴」之說，而清朝的皇族陵寢制度也有著類似說法。但是孝莊皇后作為皇太極的妻子，卻未葬入皇太極所在的昭陵，而是葬在了遵化的昭西陵，這是為何呢？對此，史學界有以下三種說法：

第一，孝莊臨終前說：「太宗已經安葬很久了，不要再為我打開地宮與之合葬，將我葬在旁邊就可以了。」

第二，因為孝莊下嫁了攝政王多爾袞，所以不可再入太宗陵。不過，孝莊是否下嫁多爾袞，還沒有確切的說法。

第三，孝莊晚年時期，清朝剛剛盛行的火葬制度雖已廢除，但是入葬昭陵卻仍需火葬。孝莊不願火葬，故

改葬昭西陵。

為何選「昭」為陵名

據了解，昭陵的名字是順治元年（一六四四年）八月初九，太宗駕崩一週年火化校宮時確定的。對於陵名的來歷，史學界持兩種觀點。第一種說法是效仿唐太宗的昭陵。其依據有兩點：

一、清昭陵的石馬是仿照唐太宗昭陵內的「六駿圖」建造的。六駿圖刻的是李世民生前所騎的六匹寶馬，而清昭陵中的兩匹石馬──大白和小白，是太宗生前坐騎的圖像，這兩匹馬曾在戰場上屢立功勳。

二、皇太極與李世民同是第二代開國皇帝，兩人廟號均為「太宗」。第二種說法是出於對「昭」字含義本身的選取。「昭」的含義就是將太宗的文治武功彰明於世，顯揚於後。但這種觀點對錯與否，仍然無法確定。

護陵獸為何拴鐵鏈

在昭陵隆恩殿後，有一座懸山式琉璃瓦頂的石柱門，門兩側各有一方形石柱，頂上各雕著一個坐南朝北的石獸。傳說陵寢的地宮門就在石祭臺下面，兩隻石獸

是護衛陵寢的。但令人奇怪的是，護陵獸身上有一條鐵鏈與石柱連在一起。相傳，當年雕刻時，石匠的手不慎受傷，血滴在了石獸的身上。幾年後，石獸有了靈氣，常常跑到護城河飲水，還經常傷害守陵的官兵。一時

間，守陵官兵人心惶惶。守陵官員將此事上報朝廷後，皇帝便下令將石獸用鐵鏈鎖在石柱上。當然，這只是個傳說。至於為何要在石獸身上鎖鐵鏈，至今仍是個謎。

蛇神廟是誰修復的

在昭陵正紅門以東約四十公尺處有一座蛇神廟。據了解，原來的蛇神廟在清末已經倒塌，現在的蛇神廟是一九二六年前後被修復的。但是誰修復的蛇神廟，也有兩種說法。

第一種說法是，有一次時任奉天省長莫德惠前來謁陵，見蛇神廟變成一片廢墟，於是出錢把蛇神廟修復了。還有一種說法是，一位將軍和他的妻子到北陵別墅小住時，他的妻子夢見一條蛇從鞋裡跳到桌上，變成了

一條巨蟒，蟒蛇對她說：「我已成仙得道，只是沒有了棲身之所，如果你能幫助我，我一定幫助將軍報殺父之仇。」妻子醒後講述了此夢，這位將軍起初不信這些，可是經不住妻子勸說，加上他報仇心切，於是派人修了這座蛇神廟。

乾隆地宮之謎

乾隆帝，姓愛新覺羅，諱弘曆，生於康熙五十年（一七一一年）八月十三，是雍正帝第四子。他在雍正十三年（一七三五年）即位，為清入關後的第四任皇帝，卒於嘉慶四年（一七九九年）正月初三，終年八十八歲，葬於河北清東陵中的裕陵（今河北省遵化市西北）。這位身員傳奇色彩、被人們津津樂道的皇帝，他的陵墓中充滿了疑雲。

石像生之謎

清裕陵於乾隆八年（一七四三年）開始修建，乾隆十七年（一七五二年）完工。這座帝陵不但修建得金碧輝煌，還有許多獨創之處突破了清代帝陵的傳統規制，比如神道旁邊的石像生就很有特點。順治的孝陵神道上有十八對石像生，到康熙建造景陵時，為了體現對先帝的敬仰，只保留了其中的五對，但是乾隆建造裕陵時卻

又增加了麒麟、駱駝、狻猊這三對石像生，總數達到了八對。然而，此後的帝陵卻沒有仿照這種變化，仍使用五對石像生。為何裕陵要增加石像生的數量呢？增加三對石像生又蘊藏著什麼樣的特殊含義？這些至今還沒找到答案。

地宮偏移之謎

裕陵地宮的建造符合當時的「風水」之術，共有九券。前八券連成一條直線，與陵園的「風水線」相吻合，但是最後一券卻出乎大家的意料。這個最重要的金券偏離了「風水線」，與風水線產生了一個大約十五度的夾角，這是為什麼呢？許多人就這個問題給出了解釋。有人說前八券是按照風水線排列，而第九券則是與子午線吻合。子午線是正南正北方向，可是經過驗證後發現，第九券並不與子午線相符合。

否定了上面的那個結論，有人則認為會出現這樣的狀況是人為的，是在修建時出現的偏差所致。但仔細分析後得知：清裕陵於平地起建，想要把握住方向並不困難，而且那時的建築技術已達到爐火純青的程度，一般普通建築都不會出錯，更何況是建造規模宏大的陵園和

宮殿，怎麼可能忽略一個肉眼都可以明確發現的誤差呢？由此可見，最後一座券的偏離是有意為之的，但是其中所蘊涵的具體意義，就需要後人繼續研究了。

棺槨移動之謎

乾隆的陵墓也沒能逃脫被盜的命運，然而盜墓賊進入這裡時，卻發現了一個奇怪的現象——乾隆的棺槨並不在棺床上，而是位於金券中第四道石門之後，這顯然是被移動過。那麼究竟是什麼人或是什麼樣的力量使之移動的呢？

帝王與后妃的棺槨放在棺床上之後，都會用巨大的龍山石固定。這龍山石也稱卡棺石，方形，石上刻有雲龍紋，一組四塊，各卡住棺木的一角。龍山石與石棺床之間以鉚榫方式相連，異常牢固。同時，棺槨內還裝有大量陪葬的奇珍異寶，異常冗重。想要將這棺槨移動，並不是一件容易的事情。

由於當時地宮中已經出現積水，於是有人猜測，是水的浮力使乾隆棺槨挪動了位置。然而金券中的六具帝、后、妃的棺槨中，以乾隆的棺槨體積最大，重量最沉。為何其他幾具棺槨沒有異樣，反而是這一具浮了起

來呢？而且地宮中的水是滲入的，然後形成死水，不可能流動。乾隆的棺槨又是如何脫離了棺床移動到石門之後的呢？

女屍不腐之謎

在一九二八年地宮被盜掘，滿清遺老們前來重新殮葬時，發現一具沒有腐朽的女屍。該具女屍皮膚仍有彈性，面目容貌十分清晰，宛如剛剛入睡，只是頭髮多半已脫落。據分析，這具女屍很可能是嘉慶皇帝的生母孝儀皇后的遺體。當時距孝儀皇后被葬入裕陵已經過去了一百五十三年。這座墓中並不只是孝儀皇后一人入葬，其中有比她先入葬的，也有在她之後入葬的，他們共處一墓，但是其餘屍體卻都只剩白骨。這又是為什麼呢？遺憾的是，女屍重新裝殮後不久也腐爛得只剩下骸骨了。我們已無緣見到孝儀皇后的真容，這個謎也無法解開了。

中國古代女子之墓

　　打開墓門，挖掘完畢後，人們發現在墓室裡整理出來的隨葬品數以千計。這裡有如此眾多的青銅重器，巧奪天工的玉器，還有數不盡的寶石器、象牙器、骨器……

挖掘婦好墓的祕密

　　一九七六年考古工作者發掘出一座古墓。這座古墓，是殷墟唯一保存完整的商代王室墓葬。打開墓門，挖掘完畢後，人們發現在墓室裡整理出來的隨葬品數以千計。這裡有如此眾多的青銅重器，巧奪天工的玉器，還有數不盡的寶石器、象牙器、骨器等，王侯之墓也不過如此。

　　誰能夠享用如此奢華的陵寢？考古工作者經過仔細研究，發現墓中整理出的青銅器，其中皆鑄「婦好」銘文，由此得知，這墓主人就是赫赫有名的商代王后——婦好，商王武丁的妻子。婦好不僅是商王武丁的愛妻，也是他的一員大將，為商王朝開疆拓土立下了赫赫戰功。

　　婦好墓中出土了戈、鉞、鏃等許多武器，而兩件鑄有「婦好」銘文的大銅鉞最令人矚目，其中一件還飾有兩虎捕捉人頭紋，發出凜凜殺氣。鉞是上古時期統帥指揮軍隊的象徵。三千多年前，婦好可能就是手執這兩柄

銅鉞，指揮千軍萬馬，並為商王朝立下了蓋世奇功。

　　婦好墓除了擁有文化價值，還有不少未解之謎。例如，武丁最心愛的王后為什麼沒葬在王陵之內？武丁是一位長壽的君主，他在位的時間長達五十九年，但與他年齡相仿的婦好卻英年早逝，據考證她僅僅活了三十歲。婦好死後，武丁向上天禱告，先後將她在陰間許配給多位商代先祖為妻，這種看似古怪的行為，實際是給予婦好以崇高的地位，那麼婦好死後被拒絕葬入王陵區的可能性並不大。至於為何婦好沒有葬入王陵區，人們如今還無法做出合理的解釋。

　　而對比王陵區內的那些大墓，雖然有些也可以見到在墓上修建「享堂」的跡象，但是並不普遍。那麼，為什麼婦好墓上卻修建有「享堂」呢？這樣的建築遺址是商代對先祖祭祀的慣例，還是對這位女將軍赫赫戰功的

特別優待？也許，婦好墓上的「享堂」也是武丁下令特別修建起來的。在甲骨、文獻上記載的武丁一次次主持對婦好的祭祀之後，也許傷心的商王正是獨自坐在這裡回憶兩人曾經並肩攜手的時光。當然，這些都是猜想，而真正的答案，也只有婦好和武丁才能告訴我們。

虞姬墓

在兩千多年前的秦朝末年，天下大亂、刀兵四起，轉眼之間秦王朝就在各地農民揭竿而起的反抗活動中土崩瓦解了。在新的政治、軍事力量中，楚霸王項羽稱雄一時，幾乎就成了當時中國的最高統治者。可惜，由於他的狂妄自大，不善於使用人才，轉瞬之間就在政治、軍事鬥爭中，由優勢變為劣勢，被原本他不放在眼裡的「弱者」劉邦打得一敗塗地，最後和虞姬演出了千古悲劇「霸王別姬」。「霸王別姬」這個故事隨著各種文藝體裁的廣泛傳播，早已深入人心，也讓虞姬在中國成為一個知名度很高的歷史人物。當然，對於大多數人來說，除了這一齣歷史悲劇外，可能對她並沒有更多的了解。

對當時可能決定中國社會發展走向的人產生過影響的女性，一定有著獨特之處。可是她卻早早地香消玉殞了，空留下一座墳塋。那麼虞姬的墓在哪裡呢？在近兩

千年的漫長歲月裡，歷史學家卻一直無法回答。如今已知的疑似虞姬墓的地方有好幾處，它們分別在幾個不同的地理位置。而且，每一處都有相應的傳說證明它是真的虞姬墓，這讓人們無法判斷到底哪一處才是真的。虞姬死後到底葬在哪裡呢？現在大體有四種影響較大的說法。

安徽省定遠縣的虞姬墓

相傳，虞姬自刎之處就在如今的安徽省定遠縣境內。所以，有些人就認為，定遠縣是虞姬的殉喪之地。雖然如今在定遠縣內，已經找不到虞姬墓了，可是，這種說法依然流傳著。而且，在中國古代最重要的史籍《史記》中，也引用了《括地志》的記載：虞姬墓在濠州定遠縣東六十里……

安徽省靈璧縣的虞姬墓

在清代康熙和乾隆年間，靈璧的地方志上記載著：「在靈璧城東十五公里，與泗縣交界處有虞姬墓。」在今天的靈璧，人們仍能看到傳說中虞姬的墓碑，上面還刻有「巾幗英雄」四個字。另外，還有兩句聯語詩：

「虞兮奈何自古紅顏多薄命，姬耶安在獨留青塚向黃昏。」淒涼之中點明了悼念虞姬之意。

安徽省虞姬廟

對於靈璧縣虞姬墓，古人也曾多次提出質疑，認為是後人附會的。第三種說法也和「霸王別姬」的傳說上下相連。清代道光年間，安徽省和縣的《和州志》中記錄了這個說法：美人虞姬當年自刎後，項羽將她的頭繫在馬脖子上突圍奔騎。經過一座山下時，原來插在虞姬頭髮上的蘭花失落。於是，後人把這座山改名「插花山」，山上建有「插花廟」，也叫「魯妃廟」或「虞姬廟」。直到今天，每年的三月三，當地群眾都要戴著野花，到插花山的虞姬廟裡祈禱求子。

江蘇省江浦縣虞姬墓

有關江浦縣的虞姬墓，其相對應的傳說則和「霸王別姬」的情節有些不同了。這裡流傳下來的說法是：項羽從垓下突圍後，逃到了今天江浦縣的蘭花鄉，在這裡又遭遇到韓信的堵截，於是雙方混戰到了一起，虞姬也手舞雙劍，跟在項羽身後廝殺。一不小心，虞姬頭上的

碧玉蘭花簪子掉落在塘埂上，從此這裡就開滿了香氣襲人的蘭花。而這口塘也因此被後人稱為「蘭花塘」，這個地方也就隨著被稱為「蘭花鄉」。

項羽帶著虞姬等人衝破堵截後，走了三、四公里，在一座小橋旁就地宿營。此時的項羽面對自己的慘景心如刀絞，悲憤難忍。虞姬見此情景，便舞劍給項羽解憂。舞著舞著，她說了句：「大王珍重龍體，妾先去……」話未說完，便自刎身亡。項羽大驚，泣不成聲。此時，漢軍又來了。項羽無奈，只好把虞姬埋在小橋西邊的田野裡，隨後帶兵突圍而去。後來，人們稱這座橋為「失姬橋」。

馬王堆漢墓中不朽的屍身

馬王堆原為河灣平地中隆起的一個大土堆，位於長沙市東郊瀏陽河西岸、長瀏公路北側，屬長沙市芙蓉區馬王堆鄉（原屬東屯渡鄉）。據地方志記載，五代時期楚王馬殷及其家族的墓地在此，故名馬王堆。

一九七二年，在長沙馬王堆發現三座漢墓。三座漢墓中，二號墓的是漢初長沙丞相軑侯利蒼，三號墓是利蒼之子，而一號墓則是利蒼妻辛追——一具保存了兩千多年的完好女濕屍，也是世界上首次出土的濕屍。

驚人的發現

在對馬王堆漢墓的發掘過程中，人們發現了驚人的現象：填土中出現的竹葉竟然如同剛摘下來的一樣碧綠，還有一些木屑、木片，顏色都十分鮮亮。但挖出後不多久，竹葉和木片就在人們眼前漸漸變黑。也正是因為這樣才讓考古隊員們更加注意，保全了之後的重大發

現。

隨後發現的翠綠竹葉，考古工作者們都迅速浸泡在蒸餾水中，它們的顏色才沒有再變化。進入槨室後，發現其中有積水，積水下面密密麻麻擺滿了各種各樣的隨葬器物，還有一部分漂浮於水面。槨室中間有一個巨大的套棺，套棺北邊漂浮著的漆案上擺了許多漆盤，小漆盤中盛放著各式菜肴，顏色看起來也都十分鮮艷，似乎剛放入不久。墓室中陪葬的器物以漆器最多，種類各異，此外還有許多木俑，不但雕刻得惟妙惟肖，許多還穿有錦綉的衣服，也保存完好，這就格外珍貴了。

開啓套棺

槨室裡最重要的還是套棺。套棺共有四層，最外面的是一具髹褐色漆的杉木素棺；第二層是一具黑漆紅彩的髹漆彩繪棺，上面繪著雲氣紋以及許多珍禽異獸；第三層是艷麗奪目的紅漆棺，棺蓋上還繪製著雙龍雙虎搏鬥圖。當第三層棺被開啟後，著名的馬王堆「T」形帛畫便呈現在大家眼前。帛畫通長二‧〇五公尺，呈「T」字形，上寬九十二公分，下寬四十七‧七公分。整幅畫面分為上、中、下三部分，上層繪製了傳說中的天界仙

境，中間是對人間世俗生活的描寫，最下層則是對地下鬼怪世界的想像。第四層棺蓋下面，是眾多色彩艷麗的絲織品。這些絲織品如同先前看到的竹葉、菜肴一樣，光澤依舊。

不朽的女屍

想要看到墓主人，就要剝開裹在外面的絲織品。當一層層絲織品被揭開後，墓主人的面容終於顯露了出來。這一發現卻讓人們感到驚奇——一具二千多年前的女屍，其外形保存完整，五官清楚，連睫毛都清晰可見，雖然不能說面貌如生，但也保存得相對完好。女屍的軟組織富有彈性，用手指在屍體上的各個部位按壓幾下，凹陷的肌肉很快又能彈起恢復原狀。

這具不朽的女屍就是一號墓的主人，軑侯利蒼的夫人——辛追。那麼為什麼這一號墓裡的東西都能保持原本面貌而不腐呢？為什麼辛追的屍體能保持完好呢？科

學家們一直在努力查證，但是到目前為止仍然沒能將謎團完全解開。而在馬王堆三座漢墓中，最後發掘的是二號墓。二號墓位於馬王堆西側的土丘下，在其槨底板縫隙中找到了三枚印章，一枚玉印上面篆刻有「利蒼」二字，另外兩枚銅印刻著「長沙丞相」「軑侯之印」字樣。這三枚印章讓我們確定了這座墓的主人是軑侯利蒼。他的墓雖有一定的規模和陪葬品，但比起他妻子的墓來，卻要寒酸一些。在那種男尊女卑的時代為何會出現這樣的現象呢？這裡還有許多的謎團等待人們去探查。

 相關連結

利蒼之子的陪葬品

高後末年，割據嶺南的南越王趙佗發兵攻打長沙國南部，隨即漢王朝及長沙國派兵徵剿。這場戰爭一直延續到漢文帝初年。從馬王堆三號墓出土的軍事地圖──「長沙國南部駐軍圖」，說明墓主人曾經參與指揮過這次戰役。由此圖可見，當時長沙國南境駐軍採取的是憑險固守的姿勢。

謝家橋一號漢墓

一座西漢古墓於二〇〇七年十月被挖掘出來。這裡保存著一批完好的珍貴文物，器物精美，形制特殊，引起眾人的關注。其中的一些簡牘，則對研究漢代的戶籍制度、喪葬習俗、名物制度及社會生活習俗具有重要的意義。此墓位於湖北省荊州市，被命名為謝家橋一號漢墓。

珍貴的隨葬品

謝家橋一號漢墓是木槨墓。此墓有一個主箱與四個邊箱，這些用木料製成的棺槨，埋在地下兩千多年，又經過地下水的浸泡，卻沒有絲毫受損，木料質地仍然堅硬，光澤依舊。擁有一個主箱和四個邊箱，其中還有豐富的陪葬品，這種規模的墓葬形制是由墓主人的身分地位直接決定的，所以說這個墓主人的身分等級較高。

到目前為止，統計出的出土文物共八百六十餘件，其中包括陶器、銅器、鐵器、漆木器、竹器、竹簡牘、

棕麻製品、絲織品等。青銅器主要放在東邊箱，都保存得十分完好，甚至連繫在上面的紅繩都完整保存下來。陶器同各種工具則放在西邊箱。那些陶器中，有一個密封陶罐裡，甚至還找出了疑似酒的液體。如果一旦確認，那麼這些經歷了兩千多年的佳釀，將會是一項驚世的發現。同時這一箱中，還出土了有史以來第一批漢代用來翻地的鐵叉。

毫無疑問，隨葬品最豐富的地方就是主箱了。而這些隨葬品在此前已出土的同類墓葬中都是很罕見的，也提供了許多珍貴的歷史信息。如捆扎耳杯的絲帶，連接蒜頭壺的棕繩，保存完好的食物——紅棗、蓮子及稻穗等，這些都是了解兩千多年前人們飲食習慣的寶貴材料。但是更為珍貴的還是那數捆完整的漢代竹簡，它們總數

達到二百零八支。這些竹簡的主要內容為「遣策」和「告地書」，還有一些則對當時的社會文化進行了最真實、最直接的記錄，是可遇而不可求的珍寶。那麼，這些竹簡將揭示出怎樣的歷史？又有著怎樣動人的故事呢？

充滿神祕色彩的主棺

主棺中放置著墓主人，停放於槨室正中的棺箱裡。棺上覆蓋著大幅的絲織品，黃底絲綢上，褐色的鳳鳥十分清楚，它們被稱為棺帷，以棺帷覆蓋棺木也是很高的等級待遇。再次出土如此巨幅的漢代紡織品轟動了世界。這是繼馬王堆漢墓中出土的絲綢之後的又一次重要發現，也是近年來全國漢代絲織品考古的重要發現。精美的棺帷一共有四層，令人驚奇的是在揭取第三層棺帷時，絲綢表面出現一個橫臥的人形影像。這個影像通體呈白色，頭、身體、四肢均清晰可見，頭朝向南方。如此奇異的現象是之前從未出現過的，它的出現引起了大家的猜測。有人認為這是棺內屍體透出的顯影。不過專家們則認為，這可能是一種化學物質的結晶。孰是孰非，只能等待今後深入的研究告訴我們答案了。

雖然槨室內的隨葬品保存完好，但是棺槨裡的屍體

已經腐朽不存了，只留下滿棺槨的黑色液體。經研究證實，墓主人為女性，名恚，葬於高後五年（公元一八三年）。

主棺中的墓主人已不在，疑團卻接連浮現。考古學家在主棺中發現一些蛆殼，蛆蟲為什麼會出現在如此嚴密的棺木中？難道墓主人是在腐爛之後才被葬入的嗎？

謝家橋一號漢墓中的木槨室與隨葬品都反映出較高的等級，但是墓主人所使用的棺木卻只有一層，上面也僅髹了一遍漆，這明顯低於應有的葬制。是因為下葬倉促，還是另有隱情？棺中的黑色神祕棺液是如何形成的？又是否存在特殊作用？這些問題只能等待進一步的研究與科學檢驗才能解答，其中一些也許又將會成為千古之謎。

 相關連結

葬俗

土坑墓、土洞墓、空心磚墓和磚室墓通常只用木棺；木槨墓大都一棺一槨，諸侯王、列侯使用雙層或多層棺槨。一般，西漢前期流行土坑墓、土洞墓、空

心磚墓、木槨墓，單人葬；西漢後期出現石室墓、磚室墓、壁畫墓，開始流行夫妻合葬。到了東漢，磚室墓普及全國各地，並流行家族幾代合葬。

樓蘭古墓之謎

　　樓蘭作為西漢三十六國之一，曾有過一段輝煌的歷史。它是絲綢之路上的一個具有高度文明的古代王國。如今，這座名城卻沉於流沙之下，通往樓蘭的古道也被沙漠淹沒。

　　樓蘭古城的消亡是在中國北方出現旱化的大背景下發生的。樓蘭古城已有一千八百年的歷史，經過了風吹雨打，如今僅存殘缺的胡楊木架和少量的蘆葦牆。一九七九年，新疆考古研究所組織了樓蘭考古隊，開始對樓蘭古城古道進行考察在通往樓蘭的孔雀河下游，考古隊發現了大批的古墓。其中幾座墓葬外表奇特而壯觀：圍繞著墓穴的是一層套一層，共七層，由細而粗的圓木組成，圈外又有呈放射狀向四面展開的圓木。整座墓的外形像一個大太陽，不由得讓人產生種種神祕的聯想。它的含義究竟如何？目前還是一個未解之謎。

　　木棺中還保存了幾具較為完好的樓蘭女屍。這些

「樓蘭美女」臉龐不大，下頷尖圓，鼻梁高、眼睛大、雙眸微閉，體態安詳。她們的頭髮濃密微鬈，散披肩後，充滿了青春氣息。頭上戴有素色小氈帽，帽檐綴紅色毛線，帽邊插著幾支色彩斑斕的雉翎。女屍裸體，周身裹著毛織布毯，以骨針或木針連綴為扣，雙腳著短筒皮靴。

墓中的陪藏品有木器、骨器、角器、石器、草編器等器物。木器有盆、碗、杯和鋸齒形刻木。有五件木雕半身人像，其中四件具有明顯的女性特徵，雙乳豐隆，臀部肥大。這批墓葬標本經測定其年代距今約四千年，相當於中原夏商時期，這是目前所知最早的樓蘭人的墓地。

然而，從考古學家的發現來看，樓蘭遺址中雖然有大量珍貴的器物、絲織品和錢幣等，但是沒有發現大批屍骨，可見這是一座早被廢棄的城市。那麼它究竟遭遇了什麼樣的災難呢？有人認為是羅布泊的漂移和過度開墾造成生態環境的惡化，使樓蘭人被迫遠走他鄉。那麼，它的後裔究竟流落何方？這仍是未解之謎。

茹茹公主墓

　　河北省磁縣一帶墓葬多達一百三十四座，主要是北朝皇陵及功臣墓。其中有一座例外，它是塞外草原上柔然族茹茹公主的墓。茹茹公主的墓位於河北磁縣城南兩公里的大塚營村北。此墓的規模大，出土器物多，藝術水平高，屬於重大考古發現。根據墓志銘上記載得知：茹茹公主閭氏是東魏大丞相高歡的第九個兒子高湛的妻子，她的這座墓是在北朝時期所修建的。墓裡除了壁畫之外，還出土了大批器物，完整的及可修復的達近一千件，其中陶俑有一千零六十四件。一個東魏丞相的兒媳婦，她的墓葬為什麼會享受如此高的待遇呢？人們不禁要問，茹茹公主到底是一個什麼樣的人呢？這要從她的出嫁開始講起。

　　茹茹公主是柔然族首領阿那瓌的孫女。柔然族是魏晉南北朝時期的一個少數民族。五四二年，中國正值南北朝時期，東魏與北方柔然族決定聯姻，一同牽制西魏

的進攻。於是東魏丞相高歡決定將自己的第九子高湛（五六一年即位的北齊武成皇帝），與阿那瓌的孫女茹茹公主聯姻。這一年，高湛八歲，茹茹公主五歲。

送親儀仗的氣派，從邯鄲博物館中小兵馬俑的造型和排列中看更為具體：排在最前面的是風帽擊鼓俑，後面是員劍箙鐵索兩襠俑、風帽儀仗俑、短風帽儀仗俑、札巾翻領侍從武士俑、小冠劍囊武士俑、員劍箙皮兩襠武士俑、兵士俑、騎馬俑。俑作為隨葬的冥器，取代了過去殘酷的人殉制度。

用陶俑隨葬的風俗，在中國古代主要盛行於戰國到五代，北朝是其中的發展高峰時期。這一時期的陶俑，人體姿態勻稱，神態逼真，塑工精細，彩繪貼金，代表了這一時期陶俑的藝術風格。在墓中發掘的陶俑中還有執簸箕俑、舂米俑、女侍俑、奴僕俑等。可見，茹茹公主來到中原後，漢族的夫君家對她在生活上的服侍是周到細致的，她在夫家的地位是顯赫的。同時，這些小人俑也印證了在南北朝時期，胡漢兩個民族是和睦平等相處的。可惜的是好景不長，茹茹公主突然病倒了，最終

離開了人世。那年茹茹公主十三歲。

高歡得知消息後，馬上讓天子下詔，特意造了一輛輻輬車（古時專門送葬的車），將小公主的棺木送往鄴城埋葬。阿那瓌得知孫女離世的消息後，異常悲痛。他依照柔然族部落的習俗，參照公主五歲時出嫁的場面，燒製了很多小陶俑。墓室中還出土了一百五十多平方公尺的精美壁畫。從殘存的畫面看，墓道入口處東壁繪青龍，西壁畫白虎。青龍身旁繪有蓮花紋及流雲紋。白虎形象誇張，身長近四公尺，呈昂首奮爪騰躍狀，神態矯健有力。墓道前端繪青龍、白虎，意在護墓主的靈魂升天，這是戰國秦漢以來羽化升仙迷信思想的延續。青龍、白虎之後，每壁皆畫場面顯赫的儀衛行列。墓道北段上層壁畫自南而北，畫鎮威神、羽人、鳳鳥等形象，其旁綴以蓮花紋，畫方相氏意在驅鬼逐疫，羽人、鳳鳥意在引導墓主的靈魂升仙。

在茹茹公主的隨葬品中，有兩枚東羅馬拜占庭帝國金幣，堪稱國寶。那麼，這兩枚東羅馬拜占庭帝國金幣在茹茹公主墓發現，又說明了什麼呢？

五四二年，正值東羅馬查士丁尼皇帝時期。柔然族的可汗阿那瓌想在茹茹公主出嫁前，為她添一些珍貴的

嫁妝，於是策劃了一場柔然商隊前往拜占庭的商旅。茹茹公主的家人在眾多貨物中看到了新鑄的金幣，以為可以避邪，便用中國絲綢為茹茹公主換了一塊金幣。

這塊金幣是查士丁尼一世皇帝在位時新鑄造的。金幣的正面是半身皇帝像，頭上戴皇冠頭盔，身披戰袍鎧甲，右手持標槍，左手持盾，背面是勝利女神像，頭部與十字架之間有一顆八芒星；金幣正反面都刻有羅馬銘文。商隊回到草原後，家人拿出那塊金幣，茹茹公主看到後特別喜歡，因為她自己手裡也有一塊拜占庭金幣，是東羅馬阿那斯塔修斯一世皇帝時期所鑄的金幣。

這兩枚拜占庭金幣，作為茹茹公主的貼身避邪寶物，出嫁後自然被帶到了高湛的家中。茹茹公主死後，也作為重要的隨葬品被送進墓室。兩枚金幣的發掘，不僅為人們研究中西古代的貿易交流提供了重要實物，還因其自身的珍貴價值，被國家定為一級文物。其中阿那斯塔修斯一世皇帝時期的金幣，直徑為一・六公分，重量為二・七克；另一枚查士丁尼一世皇帝時期的金幣，直徑為一・八公分，重量為三・二克。這兩枚金幣，含金量均為百分之九十九・二。

楊貴妃墓

　　楊貴妃，字玉環，蒲州永樂人。幼時死了父親，寄養於叔父家。她擅長歌舞，通曉音律，長得美艷絕倫。開元二十二年（七三四年），嫁給唐玄宗李隆基的兒子壽王李瑁。開元二十八年（七四〇年），唐玄宗把她接入後宮，當了女道士，取道號為太真。天寶四載（七四五年），楊玉環被冊封為貴妃。她的三個姐姐，分別被封為韓國夫人、虢國夫人和秦國夫人，月給錢十萬，為脂粉之資。她的堂兄楊國忠被任命為宰相。楊氏一門，一時間權傾天下。

　　七五五年，安史之亂爆發。次年六月，叛軍攻破洛陽，直逼長安。唐玄宗帶著楊貴妃一家倉皇西逃。途經馬嵬坡，士兵們不肯再前進，要求殺掉楊貴妃的哥哥奸相楊國忠。不等唐玄宗下令，大家一哄而上，把楊國忠殺死。之後，在陳玄禮、高力士的勸說下，玄宗將楊貴妃「賜死」。楊貴妃死後，被就地掩埋，馬嵬坡就成了

她的墓地。

唐代詩人白居易的不朽長詩《長恨歌》記其事：「九重城闕煙塵生，千乘萬騎西南行。翠華搖搖行復止，西出都門百餘里。六軍不發無奈何，宛轉娥眉馬前死。」

然而，這並不是楊貴妃唯一的結局。另有傳言，楊貴妃在馬嵬坡並沒有死，而是由陳玄禮、高力士策劃，用一個宮女做替身死去，而楊貴妃則在他人的護送下南逃，去了日本。死後，也就葬在了日本。那麼，楊貴妃的墓到底在哪裡呢？

馬嵬鎮貴妃墓

在陝西省興平縣馬嵬鎮（歷史上的馬嵬坡）的楊貴妃墓是一個比較小的陵園。大門的匾額上橫書「唐楊氏貴妃之墓」七個字。進門正面是一座仿古式獻殿，穿過獻殿便為墓塚。墓塚高約三公尺，封土周圍砌以青磚。

墓塚旁邊的碑廊嵌有大小不等的石碑數塊，刻有歷

代名人來此的題詠。其中一首詩曰：「馬嵬楊柳綠依依，又見鸞輿幸蜀歸。泉下阿環應有語，這回休更罪楊妃。」另一詩曰：「六軍何事駐徵驂，妾為君王死亦甘。拋得娥眉安將士，人間從此重生男。」

日本貴妃墓

一九六三年，一位日本少女在電視臺展示了她的家譜和古代文獻，言之鑿鑿地稱她為楊貴妃在日本的後裔，在日本引起了一陣轟動。日本史學家邦光史郎的《日本史趣事集》、渡邊龍美的《楊貴妃復活祕史》以及中國《文化譯叢》上刊載的譯自日本的《中國傳來的故事》，都講述著一個未死的楊貴妃的故事。

據說，當時楊貴妃大約在現在的上海一帶乘船出海，經過艱險的漂泊，終於在日本久津半島的唐渡口登陸，並定居在油谷汀。由於長期顛沛流離，貴妃身染重病，不久就死去了，當地人對她深表同情，把她安葬在那裡。楊貴妃墓背倚微微起伏的山岡，面臨平闊壯觀的大海，墓基是一塊由亂石組成的面積有幾十平方公尺的平臺，臺上有五座石塔，主塔高一百五十三公分，日本人稱它為「五輪」。

後來，唐玄宗終於知道了楊貴妃客死東瀛的消息，哀痛欲絕。為了給貴妃祈福，他派白馬將軍陳安帶來了兩尊佛像——釋迦如來和阿彌陀如來，準備安置在楊貴妃歸宿之地。可是陳安將軍踏遍了日本大小列島，也沒有找到這個地方，只好把這兩尊佛像暫時安放在京都清涼寺之後回國。

後來，日本當局發現了楊貴妃的墓地，便要清涼寺交出佛像，清涼寺則認為佛像在清涼寺安置已久，評價甚高，名聲日大，不願意將佛像交出。作為一種變通的辦法，他們請當時最負盛名的工匠，照原像複製兩尊，把四尊佛按新舊搭配，留二尊在清涼寺，另二尊在貴妃墓地建二尊院安置。

如今，二尊院的兩尊佛像被指定為日本國家重點保

護文物，油谷汀的二尊院墓地和五輪塔，則是山口縣級指定有形文物。據說貴妃墓前香火不斷，人們認為：朝拜楊貴妃墓，可以生漂亮可愛的兒女。

　　一千多年過去了，楊貴妃之死引起的嗟怨贊嘆，也早已成了歷史陳跡。至於她同唐玄宗是生離，還是死別，她最後葬在哪裡，將是一個永恆的謎團。

 相關連結

四大美女

　　楊玉環與西施、貂蟬、王昭君並稱為中國古代四大美女。成語「沉魚落雁」和「閉月羞花」就是用來形容這四人的。其中，楊玉環是中國古代四大美女中地位最高、權力最大的一位。

秦良玉墓葬之謎

　　秦良玉，字貞素，生於萬曆初年。由於她的父親秦葵是明朝貢生出身，秦良玉自幼一直接受良好的儒家教育薰陶，最終成為了明朝末年戰功卓著的女性軍事統帥、民族英雄。

　　她官至明朝的光祿大夫、忠貞侯、少保、太子太保、太子太傅、四川招討使、中軍都督府左都督、鎮東將軍、四川總兵、提督、一品誥命夫人，是中國歷史上唯一單獨加載正史將相列傳中的巾幗英雄，也是唯一憑戰功封侯的女將軍。和她的傳奇人生一樣，秦良玉的墓葬也具有傳奇色彩。

　　據傳聞，秦良玉死後，同時發了四十八道喪，分別葬在四十八個地方的四十八座陵墓裡。有一支分隊趕赴良玉老家忠州下葬，其餘四十七座墳在石柱境內。四十八支分隊唯恐不能按規定的時辰返回而被問斬，所以他們按時返回並同時用餐，結果卻因飯菜被預先下了毒而

身亡。這樣一來，秦良玉的真墓在哪兒就成了千古之謎。而今，人們較為熟知的秦良玉的墳墓有三座。

第一座，秦良玉墓，位於石柱縣城東七公里的回龍山上。建於清順治年間，總面積為三百二十畝。內有秦良玉墓，秦良玉衣冠塚、良玉子馬祥麟墓、良玉兄邦屏、弟民屏及良玉後裔馬光仁、馬佑昭，麾下將官馬德間等墓二十座。良玉衣冠塚前，有石俑、石馬、石羊、石獅等石雕分列兩旁，氣勢莊嚴。第二座，秦良玉東墓，墓碑上刻有「秦良玉之墓」，旁邊刻有：「明上柱國光祿大夫鎮守四川等處地方提督漢土官兵總兵官持鎮東將軍印中軍都督府左都督太子太保忠貞侯」銘文。第三座，秦良玉西墓，主碑上刻有：「馬母秦氏貞素之墓」。兩旁則分別刻有：「明萬歷二年甲戌歲吉誕」「卒於清順治五年戊子歲」「孝男馬祥麟立」等銘文。

中國名人之墓

　　據說在安葬他的那一天，鄴城所有的城門全部打開，七十二具棺木從東南西北四個方向同時從城門抬出。那麼，「七十二疑塚」真的存在嗎？它們到底在哪呢……

曹操七十二疑塚

曹操是中國古代傑出的政治家、軍事家、文學家。他六十六年的人生留給後人無數傳奇和爭議，就像他同時擁有安邦治世的美譽和亂世奸雄的毀稱一樣。曹操的胸懷大略，不僅用在了生平處理國家

大事上，就連自己死後墓地的安排，都讓人琢磨不透，充滿了疑雲。據說在安葬他的那一天，鄴城所有城門全部打開，七十二具棺木從東南西北四個方向從城門抬出。那麼，「七十二疑塚」真的存在嗎？它們到底在哪兒呢？

傳說中的疑塚

一千多年來，盜墓者數不勝數，然而卻沒有聽說有

誰發掘出真正的曹操墓。據說，曹操的墓在古鄴西門豹祠以西的漳河沿岸。南宋詩人范成大於一一七〇年曾在此下馬拜謁曹操陵，但是並不知他所拜的是不是真的陵。然而，歷史上又有誰會為了尋找曹操真墓而花力氣去將七十二塚找全呢？經歷了一千多年，這期間天災人禍不計其數，曹操的陵墓還會完好無損嗎？如果這「七十二疑塚」真的存在，那麼真正的曹操墓是哪一個呢？

何處丘塚葬梟雄

曹操生前曾下令將墓建於西門豹祠。但是由於西門豹祠經過戰爭的洗禮，又經過幾度殘毀和重修，已然不能確定曹魏時期西門豹祠的具體位置了，只能大概判斷出它在河北省臨漳縣附近。因此，曹操墓也不知所蹤。

如今對曹操墓的推測有四種：一、鄴城西面（即今河北省磁縣境內）；二、漳河水下，並附有重重機關，預防盜墓者；三、曹魏行政中心（即今河南許昌城外）；四、鄴城西北部的銅雀臺之下。相關人員雖然就此問題進行過深入的研究，但始終沒有真正的考古發現來支持，所以曹操墓的確切位置直到現在還是個未解之謎。

探索三國英雄古墓

三國時代，魏、蜀漢、吳三足鼎立，是一個充滿生機、英雄輩出的時代，它常常引起後人追思。孫權、劉備、諸葛亮等人的事跡流傳千古。千百年後，這些三國英雄的墓葬帶著陣陣疑雲，讓人們充滿了好奇。

南京的孫權墓

曹操墓的七十二疑塚雖然沒有得到證實，但是在近年卻傳來曹操墓在河南安陽被發現的消息，只是至今還是質疑聲不斷。而同為三國英雄的吳王孫權，其陵墓的準確位置也仍然沒有得到證實，只是絕大多數人認為孫權墓應在南京梅花山。可能是因為這樣一個傳說：當年

朱元璋看中了南京梅花山，想選為自己的墓址。於是他的臣子提出墓址離孫權的孫陵崗太近，應該把孫權陵墓遷走的建議。朱元璋卻阻止說：「孫權也算是個英雄，就留下他為我看守墓道吧。」但是這一猜測和傳說都沒得到證實。

在現在的梅花山博愛閣下面，人們發現了一處結構類似古時墓穴的封門牆，其開挖的構造和漢代帝王陵墓的建造方式相似。其後，專家在梅花山內發現的大墓，與前面的傳說也是吻合的。不過，由於國家文物局目前禁止對帝陵發掘，現在還無法窺見孫權墓的全貌。所以在相當長的一段時間內，孫權墓的祕密將繼續埋藏在地下。

劉備墓的所在地

曹操、孫權、劉備，三分天下，形成了「三足鼎立」的格局。三人死後，其陵墓何在成為人們關心的問題，然而三人的真正墓址卻是眾說紛紜。有關劉備的陵墓所藏之地有三種說法。

有一部分人認為，劉備死後葬在了成都。史載，二二三年舊曆四月，劉備病死永安宮（在重慶奉節縣城），五月梓宮還成都，八月葬惠陵。後主聽從諸葛亮的意

思，先後將甘、吳兩位夫人合葬於此。劉備墓位於成都市武侯祠內之正殿西側，史稱惠陵。

另一部分人則推翻了前一種說法，認為劉備應該葬在奉節。因為劉備在氣溫極高的夏天去世，以當時的情況來看，從奉節到成都至少也要三十天，到達目的地時，屍體定會腐壞。所以，劉備極有可能就葬在奉節。一九八二年，人們探測到夔州賓館地下有一個極大的空洞，還有金屬反應。這便讓大家覺得此處才是劉備真正的陵墓，而成都的惠陵只是一個弓劍墓。

還有一部分人則認為，劉備墓在四川彭山的蓮花壩。因為古人都會選擇一個風水好的地方來安葬一位帝王，而彭山牧馬鄉的蓮花村中有一個傳說：這裡的皇墳被周圍九座小山丘環抱著，那九座小山丘被稱為蓮花的九片花瓣，而皇墳正處在中心，被稱為蓮心。

傳說中的諸葛亮墓

武侯墓，即諸葛亮墓，在勉縣定軍山腳下。然而這只是一個假墓，諸葛亮真正葬在哪裡，也是一個謎。

在那個盜墓成風的年代，諸葛亮如此聰明的人必然有所防範，特別是要防止司馬懿及其後人對自己塋地的侵擾。於是，有一個這樣的傳說：諸葛亮在五丈原一病不起，自知不久於人世，便遺表給後主劉禪，囑咐他在自己死後，將屍體入棺，由四名士兵抬著向南走，桿斷繩爛之處便是他的葬身之所，也就是以「桿斷繩爛」的方式埋葬。諸葛亮死後，劉禪便按諸葛亮生前設計的方法，安排四個壯漢抬著諸葛亮的棺材一直向南走。四人按照吩咐抬著棺材走了一日一夜，到了一個沒有人煙的荒山曠野，見抬棺的桿子並無太大的磨損，捆棺的繩子也未被磨爛。於是，四人一商量，便悄悄地把諸葛亮的棺材就地掩埋。事後，劉禪想想有些不對，這樣短的

時間內怎麼可能讓桿斷繩爛呢？於是，便把那四人抓來拷問。最後四人招供，被處死刑。因此，諸葛亮的真身葬處，便成了一個謎。而後人怕盜墓者尋找諸葛亮之墓，便設了多處疑塚，如「諸葛武侯真墓」。

 **相關連結**

有關三國的書籍

元明清時期，三國事跡成為戲劇和民間藝術文學常見的話題。其中，晉代陳壽所作史書《三國志》，頗有參考價值；明代羅貫中以三國歷史為藍本，編撰的小說《三國演義》，成為中國四大名著之一，因其豐富多彩的歷史內涵而流傳到世界各地。

陶淵明古墓之謎

陶淵明（約三六五年至四二七年），東晉末期南朝宋初期詩人、文學家、辭賦家、散文家，曾做過幾年小官，後辭官隱居。田園生活是陶淵明詩的主要題材，他所著《桃花源記》、《歸去來辭》、《五柳先生傳》以及許多膾炙人口的詩詞，都成了千古絕唱。

宋文帝元嘉四年（四二七年），陶淵明與世長辭。他死後，後人稱其為「靖節」他的墓在江西九江，坐落於廬山西南的面陽山南坡，北有漢陽峰，南為黃龍山。每年菊月（農曆九月），漫山遍野都開滿了黃花。據說之所以將陶淵明葬於此處，是依據他的遺言而來的。而如今有關陶淵明墓葬何處卻有許多爭論。

陶淵明墓碑的發現

二〇〇六年，在德安縣陶氏族群聚居地，吳山鄉蔡河村林居小區，發現了陶淵明的墓碑。墓碑為煙灰色，

居中部依稀可見「故陶公（潛）公之墓」七個大字，墓碑高六十五公分，寬四十五公分，厚十公分，石質為花崗岩。由於年代久遠，保護不善，墓碑周圍的小字已經模糊，但仍可見文中隱含了兩個「陶」字，其中「故陶公（潛）公之墓，十五吉時」字樣依稀可辨。據當地村民說，陶氏宗族清光緒家譜中記載：「宋文帝元嘉四年（四二七年）淵明六十三歲，病重，九月自作祭文，十一月病卒，十五日吉時下葬。」現在所發現的墓碑雖歷經風霜，但從依稀可見的碑文中，可見家譜記載與墓碑銘文有相吻合之處。

陶學研究中心的專家羅龍炎教授說：「從墓碑上的字跡可以看出這是陶公的墓碑，但由於墓碑上字跡不詳，它是陶潛公死時所立，還是後人為紀念陶淵明而立，或其他原因而設，還有待於進一步考證。」

陶淵明後裔墓葬群

在德安縣不僅發現了陶淵明的墓碑，還有陶淵明五代後的子孫之墓。陶姓在德安是一個大家族，有七百多人，包括周圍金湖鄉等地就有一千多人。村民所指認的陶淵明墓穴周圍及陶淵明故居的周圍山頭，隨處可見其

五代子孫的墓葬。目前，所發現的陶淵明後裔墳墓有四、五百座，清晰可辨的有兩百餘座。陶淵明後裔墓碑如此之多，而墓碑上的字跡又是如此清晰，實在是全國罕見。墓塚的存在和碑文的記錄，完全可以證明當地與陶淵明有深厚的淵源，極具研究價值。

深厚的關係

在德安縣不只發現了陶淵明的墓碑、陶淵明後裔的墓群，還發現了陶淵明母親孟氏的墓地。而且當地許多自然風貌都與陶淵明的詩文、史料記載有相吻合處。而且據研究，這裡的地名、故居、古驛道等，也與陶淵明有著緊密的關係。此地關於陶淵明的傳說有一個系統性，極具研究價值；陶淵明後裔古墓群，故居大量瓷片、磚頭，是研究陶淵明極具價值的史料。專家們表示，將會聯合考古、文物、史籍專家開展深入研究，進一步考證陶淵明墓葬所在地，揭開流傳千古的陶淵明古墓之謎。

包拯為什麼有兩座公墓

包拯（九九九年至一〇六二年），漢族，字希仁，祖籍安徽合肥。宋仁宗天聖五年（一〇二七年），包拯二十八歲，考中進士。早在北宋時期，包拯就是一個家喻戶曉的名臣。他為官清廉、不畏權貴的形象深入人心，特別是他執法無私、為民請命的精神，更獲得無數民眾的欽佩。這位生前剛正不阿，死後受世人傳頌的包公，他的墓在哪裡呢？

在安徽合肥東郊大興鎮雙圩村的黃泥坎，包公及其夫人墓被發掘出來。然而，在河南鞏縣宋真宗的永定陵附近，有一座高約五公尺的塚墓，也是一個包公墓。一個包公，為什麼有兩座墓？

在合肥市東郊的包公墓，經過考古發掘的材料和宋

代慶元年間（一一九五年至一二○○年）淮南西路安撫司幹辦公事林至撰寫的《重修孝肅包公墓》等文獻印證，被認定為真墓。而河南鞏縣宋陵中的包公墓雖然塚大碑高，卻是一個「假」墓。但是，問題真的有這麼簡單嗎？

在合肥包公墓正式考古發掘之前，人們普遍認為鞏縣包公墓是真墓，不僅因為其有很高的封土和墓碑，而且地方史志均有記載，明代嘉靖三十四年（一五五五年）修《鞏縣志》記載包公墓位於鞏縣西宋陵中，清代順治以後各時期版《河南通志》皆承襲舊說，可見明初就已存在這個包公墓，至少有五、六百年的歷史。而包公墓志在大興鎮黃泥坎的出土，則證明合肥包公墓是真的。這裡不僅出土了墓志蓋，還出土了詳盡的墓志銘。創作墓志銘的是與包公同為樞密副使的吳奎；書寫墓志銘的是同朝的知國事監書學楊南仲；撰名墓志蓋的是同朝「溫州瑞安縣令」「甥將仕郎」文勛。

由於時間久遠，外加人為破壞，志石上的許多字已經辨認不清，不過有一點可以肯定，志石上篆刻的正是包公生平的事跡。現在，人們不禁要問：鞏縣包公墓究竟修於何時？為什麼要建這個包公墓？它和合肥的包公墓有什麼關係？一系列問題，至今尚難回答。

周莊「水塚」之謎

古鎮周莊有一個銀子濱，地處昆山，東接長江口，北近白蜆江，西連太湖。相傳，沈萬三死後，便「水葬」於此。而銀子濱也是因沈萬三曾在周莊鎮東建造千畝糧倉，在銀子濱盡頭建造

堆放銀子的府庫而得名的。

據史籍記載，當年沈萬三先以躬耕起家，後利用「東走滬瀆，南通浙境」水路交通發達的周莊，成為「資產百萬，田產遍天下」的江南第一富豪。每天都有很多小船進出銀子濱，幫他運送銀兩。朱元璋見沈萬三如此富有，非常擔心他「富可敵國」，成為隱患，便下令殺沈萬三。最後，還是在馬皇后的勸說下，改為將沈

萬三流放雲南。

為何葬在水底

沈萬三真的葬在銀子濱河水底嗎？當地有個鮮為人知的傳說，似乎可以成為探尋水底墓的一個左證。

據說，沈萬三有一個聚寶盆，放一支金釵進去，就能取出一大把金釵；放一錠銀元寶進去，就能取出一盆銀元寶，可以說是取之不盡、用之不竭，所以他才會富甲天下。當年，朱元璋要修南京城牆，其中有三分之一都是沈萬三出錢修建的。於是朱元璋便命沈萬三交出銀子，獻出聚寶盆，沈萬三無奈，只得將銀子運回周莊，藏在銀子濱河水底。如果這個傳說是真的，那麼沈萬三死後，葬於銀子濱河水底也就順理成章了。因為把墓穴修得異常堅固，又深埋水下，不僅能防朱元璋，更能防盜墓賊。而根據史籍的記載，沈萬三葬在水底也是情理之中的，因為當年沈萬三被流放，死後棺材只能被悄悄運回故鄉，水葬有利於掩人耳目。

據一位專業人士分析，按常理來說，古人選擇陰宅，是應該遠離水的。因為沒有人願意自己死後浸泡在水中，飽受水患之苦。所以他更堅信，沈萬三做這種有

悖常理的事，定有他的道理。也有人認為，沈萬三是個商人，所以財產對他來說最重要。而水主財，象徵富有，周莊最多的也就是水，所以沈萬三死後為了能給家族帶來財運，就選擇了「水葬」。還有人認為，「水葬」這個傳說其實包含了家鄉人民的希望──沈萬三魂歸故里，安心地「居住在」銀子濱河底那清靜的小屋裡，庇護著家鄉的土地。

歷史考證

傳說始終是傳說，因此學術界從來就沒有放棄對沈萬三的生死進行考證。但是大多數史料對商人的記載都不多，所以沈萬三被流放雲南後的事情便沒有了文字記載，無從查起。沈萬三確切的去世年代也不可考。

在史料《明史·馬皇后傳》中有記載：「吳興富民沈秀者，助築都城三之一，又請犒軍，帝怒曰：『匹夫犒天子之軍，此亂民也，宜誅之。』後曰：『其富敵國，民自不詳；不詳之民，天將災之，陛下何誅焉？』乃釋秀，戍雲南。」根據有關人員推斷：朱元璋於洪武二年（一三六九年）九月開始組織修築南京城牆，到洪武六年（一三七三年）八月完工，歷時約四年。沈萬三

提出犒軍也正在這一時期。朱元璋下令將沈萬三遠戍雲南，應該在築城完工之後。如果以一三七三年八月完工後計算，此時他約七十二歲。受此重大打擊，沈萬三身心疲憊，且流放路途漫長，生活待遇又差，年逾古稀的他很可能在流放途中便離開人世，即使能勉強撐到流放地，壽命也不會長久。如果推斷成立，則可確定沈萬三在明代只生存了短短五、六年。相對於輝煌的中、青年時期而言，沈萬三的晚年境況應該極其悲慘。

然而，沈萬三是否到了雲南？到了雲南，他落腳在哪裡？什麼時候逝世的？去世後葬在何處？目前來說，還是一個謎。

曹雪芹墓

據考證，《紅樓夢》的作者曹雪芹誕生於南京的江寧織造府內。雍正六年（一七二八年）曹家被抄沒後才全家遷至北京。當時，曹雪芹年紀尚幼。曹雪芹究竟住在何處？他的青年時期是如何度過的？等等，因文獻無證，不能確指。他死後埋於何處，也沒有相關的記載。於是，曹雪芹墓也成為人們討論的話題。他的墓到底在哪裡呢？

一九六八年冬，在北京通縣張家灣村，人們正在進行平整土地的大會戰。該村青年李景柱在無主墓地的地下一公尺處發現一塊長一百公分、寬四十公分、厚十五公分的青色墓石。墓石上面刻有「曹公諱霑墓」字樣，右下角還有「壬午」兩個字。李景柱看後，便想這可能

是《紅樓夢》作者曹雪芹的墓志。於是，他找人幫忙把墓志運回家中，並用鉛筆、窗紙拓好精心保存。

一九九一年，張家灣鎮政府擬建公園，立碑林，李景柱便將墓志無償獻出。就在第二年，這一消息被報導了出來，引起了紅學界的巨大轟動，也引起了海內外學術界的極大關注。因為如果這墓志確實是曹雪芹的，將有助於人們了解曹雪芹的身世。圍繞著墓志的真偽，學術界裡展開了一場沸沸揚揚的大爭論。

文物鑒定家秦公認為，這石碑可能是偽造的。他的理由是：石碑的用石不合理，沒有一個平面，說明其原本不是用來做石碑的；字在碑石上的位置不妥當，墓志的最後一筆十分接近下緣；刻工很粗糙，刀法亂，有的筆劃還直接借用石料上原有的斧鑿痕跡；文法不合理，碑上不應稱「公」，而應稱「群」，如稱「公」，應稱其字；落款也不合理，應有立碑人等。

紅學家杜景華則斷定：「石碑不是偽造的。」他說：「有人疑心石碑是偽造的，但石碑出土於『文革』時期，那時沒有必要偽造一塊曹雪芹的墓碑。」他還認為，曹雪芹死於壬午，是胡適和俞平伯的說法，但大多數紅學家持「癸未」說。如果石碑是偽造的，那碑上為

什麼不落款「癸未」，以迎合大多數人的觀點呢？他還推測，曹雪芹死前，家境非常艱難，過著「舉家食粥酒常賒」的日子。被債主們逼得沒辦法，曹雪芹躲到張家灣昔日曹府的一個僕人家，可沒想到，曹雪芹竟死在僕人家。僕人草草將他埋掉，並草草為他刻了這麼個墓志。

紅學家馮其庸也對墓碑持肯定態度。他還引證曹雪芹的好友敦誠《寄大兄》文：「孤坐一室，易生感懷，每思及故人，如立翁、復齋、雪芹、寅圃、貽謀……不數年間，皆蕩為寒煙冷霧。」

敦誠的《哭復齋文》中說：「未知先生與寅圃、雪芹諸子相逢於地下作如何言笑，可話及僕輩念悼亡友情否？」曹雪芹的故友寅圃、貽謀的墓都在通縣潞河邊上，為什麼敦誠說「與寅圃、雪芹諸子相逢於地下」呢？很可能他們同葬於潞河畔張家灣。當然，還有許多紅學家也提出了自己的看法。但是曹雪芹的墓到底在哪兒？這墓志是否是為曹雪芹立的，目前學術界還在爭議中。

青少年‧必讀百科探索叢書

中國其他古墓

　　僰人所有放置懸棺的地方，上至峰頂、下距空谷，都有數十公尺到一、二百公尺的距離，而且到處都是異常陡峭的石壁，無路可走。僰人是怎樣將這些懸棺放置到懸崖峭壁上去的呢……

三星堆珍寶之謎

　　三星堆是一九八〇年起開始發掘的，因有三座突兀在成都平原上的黃土堆而得名。三星堆文明上承古蜀寶墩文化，下啟金沙文化、古巴國文化，前後歷經兩千多年，是中國長江流域早期文明的代表，也是迄今為止中國已知的最早的文明。據檢測，這座古城面積大約有十二平方公里。現在已經出土一千七百多件造型奇特、舉世無雙的青銅器、玉器、漆器、陶器，還有八十根大象牙、四千六百多枚當時的貨幣等。三星堆出土的那些文物震驚了世界，還給我們帶來了不少謎團。

　　在眾多的文物中，一柄隨著祭祀坑一起出土的令牌，引起了大家的注意，也讓大家產生了許多疑問。這個令牌長一百四十二公分，內心是木製的，外包純金。令牌上部刻有魚、鳥圖案，下部是兩個頭戴高冠、耳掛三角墜的人頭像。用黃金令牌來象徵權力是古代埃及的傳統，而在中國古代，一直是用九鼎來象徵權力的。那

麼，這柄令牌到底
有什麼作用呢？它
真的是令牌嗎？如
果是，那它又屬於
誰呢？除了令牌，

另外還有一個青銅立人像讓人們感到迷惑不解。這是一
個高一‧七二公尺，身穿長袍，頭戴花形高冠的青銅人
像。其濃眉大眼，寬嘴方臉，長頸大耳，兩手持物端於
胸前，赤著腳站立在獸頭形的方座上。它到底是什麼身
分呢？

在三星堆祭祀坑出土的上千件青銅器、金器、玉石
器中，最具特色的首推三四百件青銅器。其中還有一些
青銅面具。這些面具中的眼睛部位都十分突出，讓研究
者感到好奇，也提起
了興趣。這些面具是
否告訴我們古代蜀國
的居民有眼睛崇拜
呢？

讓人不可思議的
是，青銅器中還有青

銅神樹。神樹高達三‧九五公尺，集「扶桑」、「建木」、「若木」等多種神樹功能於一身。它分為三層，有九枝，每個枝頭上立有一鳥。據推測，這些鳥是代表太陽的神鳥，是古蜀居民的重要圖騰之一，也是氏族部落的標誌。關於這株青銅樹，大家的說法也不一致，有人猜測它可能是用來祭天的神樹，也有人說它是與財富有著密切聯繫的搖錢樹。到底這株青銅樹象徵什麼？至今還無法證實。

三星堆出土的大量青銅器中，基本上沒有生活用品，絕大多數是祭祀用品。而在祭祀坑裡出土的八十多枚象牙，其來源和作用讓人難以確認。有人認為是透過貿易而來；有人認為是遠古時代川內的生態環境適合大象生存，理由是當地發現的大量半化石狀烏木。專家沒能確定象牙的來源，卻一致認定它們是統治者財富的象徵。

相關連結

中國文明的孤旅

三星堆古遺址是迄今在西南地區發現的範圍最大、延續時間最長、文化內涵最豐富的古城、古國、

古蜀文化遺址，被稱為二十世紀人類最偉大的考古發現之一，昭示了長江流域與黃河流域一樣，同屬中華文明的母體，被譽為「長江文明之源」。

高崖懸棺之謎

　　懸棺葬是一種古老的喪葬形式，葬址一般選擇在臨江面水的高崖絕壁上，棺木放置距離水面數十公尺至幾百公尺的天然或人工開鑿的洞穴中，有些則是直接放在懸空的木樁上面。

　　曾經生活在中國四川南部珙縣境內的僰族，從春秋時期到明代萬曆年間長達兩千年的時間裡，一直延續著懸棺葬的習俗。

棺木為何高懸

　　據僰族民間傳說集《懸棺之謎》裡記載：僰人受到病疫威脅時，祖先神母告訴他們，要逃脫病疫的死亡威脅，只有實行岩葬。可見僰人行岩葬的原因是認為岩石對他們有保護作用，這是石崇拜的一種表現。而僰人之所以崇拜石，一方面如他們傳說的那樣，是為乞求平安，另一方面則是希望石頭能賜嗣於己，使自己的族群

人丁興旺。如《太平御覽》卷五十三記載，馬湖江南岸有「乞子石」，「僰人乞子於此有驗」。很明顯，僰人的岩葬包含有以石求子的文化因素——即對生殖的追求和崇拜。

還有一種觀點認為，西南地區的少數民族由於長期居住在山水之間，他們對山水產生了無比崇拜的感情，死後葬在靠山臨水的位置表明了亡靈對山水的眷戀之情。至於把棺木放得很高，那是因為按古人的意思，懸棺入雲能吸日月之精氣，而且高處可以防潮，並可以防止人獸的侵擾。僰人所有放置懸棺的地方，上至峰頂、下距空谷，都有數十公尺到一二百公尺的距離，而且到處都是異常陡峭的石壁，無路可走。僰人是怎樣將這些懸棺放置到懸崖峭壁上去的呢？對此，人們頗多猜測，有代表性的說法有「堆土說」、「地質變遷說」、「棧道說」和「吊裝說」。

堆土說

支持「堆土說」的人認為，僰人從山下堆土至高崖洞口，把棺木放進去後，再把土運走。堆土法遭到了大多數專家的反對，因為懸棺大多在臨水的懸崖上，顯然

是無法用堆土法實現棺木高懸的。

地質變遷説

持這種說法的人認為，兩千多年前，一些河的水位比現在高出很多，那些今天看來高高在上的洞穴當時其實距離水面很近，人們用船把棺木運到洞口，很輕鬆就放進去了。如果懸棺真的離水面很近，那它又是如何歷經千年，而保持不腐的呢？

棧道説

支持「棧道論」的人認為，懸棺是通過棧道運到懸崖上的。古人可能就像今天造房子搭架子那樣，沿著懸崖向上或者由山頂向下搭建棧道。當棧道搭到指定地點時便可將棺木一層層遞過來，直至安放好。

吊裝説

支持「吊裝說」的人認為，懸索下柩可以解決千斤之物掛上懸崖的問題。僰人先找到安葬地點，在那裡架設數公尺長的索道通向峰頂，棺木在峰頂就地製成，裝殮死者後吊墜至預先選好的地點。

以上各種觀點似乎都沒有確切的證據來加以證明，因此掩隱在雲霧繚繞的峭壁上的懸棺之謎至今仍無定論。

 相關連結

墓葬簡介

墓葬俗稱山墳，古墓葬是清代以前的墓葬。古代葬俗因時代、地方的不同而有差異，有土葬、火葬、水葬等。常見的多是土葬。

最大古墓群之謎

　　古人有「生在蘇杭，葬在北邙」之說，所以歷代王朝將這裡視為風水寶地。河南洛陽邙山古墓群作為中國古墓最集中的地區，其擁有的墓塚之多、面積之大、延續時間之長，是世界罕見的。

　　邙山古墓群掩埋著自東周以來的諸朝王侯和達官貴人，不僅擁有許多待解之謎，還生動集中地記錄了中國不同歷史時期的政治、經濟和文化發展史。二〇〇一年六月，邙山陵墓群被中國國務院批準為第五批全國重點文物保護單位。為了探清這七百五十平方公里古墓群的底細，考古工作者將綜合運用傳統和最新的現代技術，對其進行歷史上最大規模的考古調查與勘測，以探清古墓群的「真面目」。先進的科技手段包括計算機技術、測繪技術、航空影像技術、遙感技術，以尋找未知古代墓塚，記錄調查成果。

　　之前正因為對古墓了解不深，文物保護工作和考古

學研究一直難以深入開展。在面積達七百五十餘平方公里的陵墓群範圍內，不僅擁有東漢、曹

魏、西晉、北魏四代帝陵及其陪葬群，還匯集了東周、西漢、隋、唐、五代、宋、金、元、明、清等不同時期、不同類型的墓葬，有數十萬之多，它們犬牙交錯，讓人難以分辨。邙山古墓群所歷經的年代久遠，遭遇了歷史的變遷，受到風剝雨蝕及人為破壞，數量不斷變化，難以準確統計。其中，具有地面標志的墓塋，由一九四九年初的六百座左右減少到目前的不足四百座。

製作古墓群電子地圖

在不影響墓塚、墓葬和陵園整體的前提下，此次考古調查與勘測將對古代墓塚進行全面普查，並對個別重要的帝陵和陪葬墓的周邊地方進行試掘。

帝陵是洛陽邙山陵墓群的主體，此次工作正是以尋找十五座帝陵為重點。目前邙山十五陵中，北魏宣武帝

景陵、西晉文帝崇陽陵、武帝峻陽陵三座已做過較詳細的考古鑽探和發掘。但東漢光武帝原陵、曹魏文帝首陽陵、西晉宣帝高原陵、景帝峻平陵、惠帝太陽陵五陵的具體位置尚不確定。據了解，洛陽市第二文物工作隊與解放軍資訊工程大學測繪學院遙感資訊工程系共同研製開發的邙山陵墓群地理信息系統和數字信息庫（電子地圖），將對調查區域進行監測、建檔和管理等。調查中發現的任何墓塚、遺跡點均可利用 GPS（全球導航定位）定位在電子地圖上，這樣，墓塚、遺跡點均可透過 GPS 找到具體的地點。

　　據介紹，此項工作將分三個階段實施，二〇〇三年至二〇〇五年為第一階段，二〇〇六年至二〇〇九年為第二階段，二〇一〇年至二〇一二年為第三階段。最後，調查的結果將落實在地形圖、攝影圖片、航測片等現代形象載體上。相信在不久之後，古墓群的真面目就會在人們的期待下被揭開。

龜山漢墓之謎

一九八一年二月，在中國江蘇徐州市九里經濟開發區境內的龜山西麓發現西漢第六代楚王襄王劉注的夫妻合葬墓。該墓為兩座並列相通的夫妻合葬墓，分為南北兩個甬道。其中，南甬道為楚王襄王劉注墓，北甬道為其夫人墓。這兩墓均為橫穴崖洞式，其工程浩大，建築雄偉，是全國已知漢墓中極具科學文化價值和漢代特色的崖洞墓。

漢墓建造之謎

龜山漢墓工程浩大，打鑿精細，特別是該墓的設計和施工，處處凝聚著漢代建築師和工匠的高超智慧和精巧技藝，甚至很多方面都是難以破譯的千古之謎。龜山漢墓在龜山的半山腰。它幾乎掏空了整個山體，共有十五間墓室和兩條甬道，其總面積共七百餘平方公尺，容積達兩千六百多立方公尺。那麼，以當時的技術，漢代

工匠是透過什麼來掌握山體的石質和結構，才能讓整個施工能夠順利進行，而不會發生坍塌呢？

　　通往漢墓的南北兩條甬道，長五十六公尺，寬一·○六公尺。兩條甬道沿中線開鑿，其直度的精度達萬分之一，最大偏差僅為五毫米；兩甬道之間的距離為十九公尺，夾角為二十分，誤差僅為一萬六千分之一，是迄今世界上打鑿精度最高的甬道。在首次發現漢墓時，南甬道上還有二十六塊塞石。這些塞石有上下兩層，每層都是十三塊，每塊的重量約六噸至七噸，石塊間的接縫緊密，連一枚硬幣都塞不下。據專家考證，漢墓的甬道在當時處於龜山的半山腰，而塞石的材料卻是由很遠的地方運來的。那麼，這些材料具體是來自什麼地方的呢？以當時的技術，古人是用什麼方法把這些龐大的塞石運來並塞進甬道的呢？

墓室裡的謎團

　　當劉注的墓室正式開放後，其棺室北面牆上漸漸出現一位真人大小的影子，十分清晰。它身著漢服，峨冠博帶，做拱手迎賓狀，被稱為「楚王迎賓」。對於它的出現，有人認為，是由於墓室滲水，但是影子外卻沒有

任何滲水痕跡。於是，又有人認為，這是因為岩石石質的不同而形成的，但它為什麼偏偏出現在楚王棺室呢？這個問題暫時無人能解。

劉注前殿位於整個墓葬的中心部位，是十五間墓室中最大的一間，面積達六十八‧九一平方公尺。這象徵楚王生前理政朝拜、宴飲賓客的大殿。中間的擎天石柱，高大粗壯，氣勢雄偉，恰好撐在南北甬道的中軸在線。那麼，該布局到底是巧合，還是另有寓意？

不只是楚王的墓室裡有謎團，他的夫人的墓裡也是迷霧重重。楚王夫人墓的前廳和棺室及石柱上都分別留有乳頭狀石包，其分布走向呈不規則排列。這些代表什麼呢？又具有什麼意義呢？有人猜測，這是上天星宿分布。也有人說這是因為楚王襄王劉注上應天星，但這些石包為什麼沒有出現在楚王墓室頂部呢？

壺門之謎

據專家考證，楚王夫人下葬的時間應該比楚王下葬的時間要晚三四年，但他們兩人的墓卻是同時開鑿完成的，只留有一道連接兩個墓宮的門未開通。當楚王夫人下葬後，這道門才由工匠們打開。可是這道門卻是十五

間墓室中唯一一個不按照規劃開鑿的：楚王這邊門小，夫人那邊門大，使整個通道成為一曲尺形。這是特意設計成這樣的，還是失誤呢？能夠建造此墓的能工巧匠，把兩座墓宮勘測、設計、打造得天衣無縫，為什麼卻在這上面失誤了呢？有人認為，這是在剛開始開鑿時弄錯了位置，當進行到一半時，才發現並修正過來。但為什麼這十五間墓室中，就只有這一處發生誤鑿，而其他的卻沒有，而且這個失誤還是發生在這道只有兩公尺厚的牆壁處？這個解釋並不能說明問題。

法門寺地宮之謎

法門寺的歷史與發掘

　　法門寺在西安向西一百一十公里的扶風縣。寺內的法門寺塔始建於東漢，是一座佛教舍利塔。史籍中記載著法門寺塔下有地宮，裡面埋有佛指舍利和無數珍寶。這個記載是否是真的呢？

　　法門寺塔以傾斜之姿屹立了三百多年。傾斜源於清代的一場地震，明代重修過的塔體向西南傾斜，並出現了裂縫。此時，塔體重心偏離三公尺多，西南角塔基下陷一公尺有餘。所幸寶塔初建時結構嚴謹，建築技術高超，所以才保持了三百多年屹立不倒。一九八一年，因雨積水，法門寺塔半邊倒塌。政府撥款重建寺塔，並整修了殿宇。當考古人員發現法門寺塔下地宮後室的藻井大理石蓋，並用手電筒的光透過西北角的裂縫照進去時，反射出了耀眼奪目的金光。

打開地宮大門

　　考古人員找到了進入地宮的通道，看到了兩扇被銹蝕的鐵鎖封鎖的石門。這後面有什麼？打開這把封鎖千年「光陰」的鎖，推開地宮那兩扇厚重的石門，千年封存的珍寶和歷史一一呈現在世人面前。

　　這座地宮結構複雜，用材講究，雕飾精美。在目前全國已發掘的塔基地宮中是獨一無二的。這種三室制的地宮，顯然是仿真埋葬皇帝的最高規格的墓室構築的。在地宮裡，千年的物品安然如初。在一個白藤箱中發現的已經粘成一堆的絲綢服裝，更讓考古人員興奮不已。

　　此前人們根本不知道唐代皇家絲綢是什麼樣的，可這裡卻有惠安太后的衣服，還有武則天的裙子。雖然大部分絲織品已經炭化和部分炭化，但有五件蹙金綉竟被完整地保留了下來。在顯微鏡下，人們發現這五件蹙金綉的金線竟是用黃金拉成的，它們平均只有〇‧一毫米寬，最細的地方僅有〇‧〇六毫米，比頭髮絲還要細，就是現代的高科技手段也很難達到這樣的工藝水平。

法門寺出土的文物

考古工作者在地宮裡還發現了佛陀真身舍利，另外還有一百七十餘件為供奉舍利而奉獻的物品，主要包括金銀銅鐵器、瓷器、玻璃器、珠寶玉器、漆木器、石質器、雜器以及大量的紡織品和貨幣。由於都是唐代皇室貢奉的物品，所以數量大、等級高，鏨文內容豐富。

在這些物品中，金銀器就有一百二十一件，而與佛教有關的造像和法器有：菩薩像、香案、舍利棺槨、寶函、闕、伽瓶、錫杖、如意、鉢盂等。日常生活用具有盆、盒、茶籠子、碗、碟、香爐、香囊、茶碾子、籠子、鹽臺等。這批金銀器是長安的文思院和江南地區製造的。文思院是專為皇室製作金銀器的手工業作坊，是當時工藝水平最高的製造所。

出土的石刻有石碑、靈帳、阿育王塔等。一千多年

前的阿育王塔依舊色彩奪目，它由整塊漢白玉雕成，塔
的四面雕刻著身姿婀娜的菩薩像，朱紅色的裙褲和粉綠
色的披帶，就像剛剛描繪的一般。其中記述了奉獻物品
的名稱、數量、器重以及奉獻者的名銜等，使我們確切
了解了出土器物的名稱，使以往一些不確切的稱謂得以
糾正。出土的十九件琉璃器中，不少為伊斯蘭琉璃器，
是中國與西亞交通和文化交流的物證，也是早期伊斯蘭
美術的重要發現。

　　還有久聞從未相見的祕色瓷悄然呈現。因為燒製工
藝早已失傳，所以現代人從未見過真正的祕色瓷。今天
的人們有幸看到當年只有皇帝才可享用的瓷器。然而，
所有的出土文物都與塔中瘞埋的舍利有關，其中捧真身
菩薩，是全國數以萬計出土文物中獨一無二的稀世珍
品，它既是唐代最隆重崇佛的產物，也是唐代最後一次
迎佛骨的見證。它的歷史價值還在於它是迄今為止唯一
有皇帝名號的文物。

唐代的茶文化

　　法門寺地宮中出土的多種茶具，雖配套不甚嚴格，
但仍可作一組器物，為我們認識晚唐飲茶方式提供了重

要的實物數據。地宮出土的鎏金鏤空鴻雁紋銀籠子，通體鏤空，紋飾鎏金，兩側口緣下鉚有環耳，環耳上套置提梁，上有銀鏈與蓋頂相連。籠子底部邊鏨「桂管臣李杆進」六字。

唐代飲茶，烹煮時可先將茶團餅碾成茶末。因此茶碾是烹茶的重要器具。《茶經》裡說茶碾用木製，講究的則用銀製。地宮出土的鎏金鴻雁流雲紋銀茶碾子，通體為長方形，由碾槽、轄板和槽座組成。槽身兩側飾天馬流雲紋。與碾子配套使用的是碾軸。碾出的茶末要過籮。籮細則茶浮，粗則水浮。因此，對籮孔的粗細有一定的要求。地宮出土的鎏金飛天仙鶴紋壺及門座銀籮子，鈑金成型，紋飾鎏金，籮外底鏨有銘文。茶籮為仿木製的箱匣結構，由蓋、身、座、籮、屜五部分組成，殘存的紗籮極細密，反映這時茶末顆粒已很細。這組茶具上多處刻有「五哥」字樣。僖宗李儇為懿宗第五子，冊立為皇太子前宗室內以「五哥」相稱。這組茶具是僖宗供奉的，茶是佛前供奉品之一，因而奉獻茶具是在情理之中的。此外，還出土有蕾紐摩紋三足架銀鹽臺、壺門高圈足銀風爐、鎏金四出花紋銀箸、鎏金銀龜盒等，它們分別是用來盛鹽、鼓風、撥炭、貯茶等。總之，法

門寺地宮出土的一套晚唐時期的飲茶用具，如此齊全的配置，在中國尚屬首次。對研究唐代飲茶史，其重要意義是不言而喻的。

 相關連結

佛指舍利

唐代兩百多年間，先後有高宗、武后、中宗、肅宗、德宗、憲宗、懿宗和僖宗八位皇帝六迎二送供養佛指舍利。每次迎送聲勢浩大，朝野轟動，皇帝頂禮膜拜，等級之高，絕無僅有。

古村古墓之謎

尚豐村是一個聞名的古村落，位於漫江鄉東面。因為這裡曾出過四十八名進士、五名尚書、十多名將軍，因而被後人稱為「將軍村」。

在尚豐村的深山老林裡曾發現一座古墓，這座古墓距今已有八百多年。據古墓碑文和《莫氏家譜》記載，古墓墓主是元朝兵部侍郎莫以忠。他生於元世祖至元十二年（一二七五年），曾被皇帝封為「義勇將軍」。然而，讓人們感到奇怪的是，在他的墓室裡發現的一塊正方形的墓志銘卻是北宋知製誥兼御史中丞徐禧的。據相關人員考證，徐禧死後，曾葬衣冠塚於此地。但為什麼徐禧的墓志銘會出現在莫以忠的墓室裡呢？他們兩人是什麼關係呢？

從一位莫氏後裔的話中得知：在莫氏家族中的一本祖譜裡，記載著莫以忠是北宋時期出生的，與徐禧是同一個朝代。而且，他們兩人還是往來要好的朋友。遺憾

的是，這本祖譜已經遺失多年了。然而，在墓誌銘上還發現一些後人的名字，而元朝兵部侍郎莫以忠的名字就列在其中。莫以忠為莫將的第三代孫，根據這個記載按時間推理，莫以忠是出生於明朝的，《莫氏家譜》的記載沒有錯。

而這座古墓的墓碑是麻石雕刻而成的，在墓碑的左右還樹立著用麻石雕刻而成的莫將和他父親莫援的雕像，一左一右，站立在古墓兩旁。在「文化大革命」期間，村民們為了保護好這幾塊墓碑，將它們埋葬在新建的學校的牆腳之下，這樣才被完整地保存下來。如今，墓碑和雕像雖然經歷了一千多年的風雨，至今完好如故。

相關連結

侍郎

侍郎，為中國官制名稱，創建於漢代。本為宮廷的近侍，在東漢以後，尚書的屬官，初任稱郎中，滿一年稱尚書郎，三年稱侍郎。自唐以後，中書、門下二省及尚書省所屬各部均以侍郎為長官之副，官位漸高。相當於現在的部長、副部長級別。

「石碑幻影」之謎

昭陵明樓裡的聖號碑通體用優質石材雕刻而成，周身用朱砂塗成深紅色，所以也被稱為「朱砂碑」。碑有四公尺多高，碑首正中開光部分用滿、蒙、汗三種文字雕刻出「昭陵」字樣，碑身正面則刻著「太宗文皇帝之陵」七個大字。傳說，每到陰雨天，朱砂碑的背面就會出現一幅水墨丹青——麻姑獻壽圖。為什麼會出現這種現象呢？

誰是麻姑

麻姑獻壽圖是中國民間常用的年畫圖案，這麻姑究竟何許人也？據清代《堅瓠祕集》記載，麻姑是五代時期麻秋的女兒。麻秋為人很嚴酷，他負責督促工人築城，一直到天明雞叫時才可以休息。麻姑於心不忍，常

常假裝雞叫聲幫助苦役們。麻秋知道後，氣得不得了。麻姑因為害怕就逃到了山裡，誰知麻秋窮追不捨，而且還放火燒山。這時，恰巧王母娘娘路過，就化出一場甘霖滅了火，並且帶著麻姑到了南方的麻姑山。山中有清泉十三泓，麻姑便用它們釀酒。十三年後，酒釀成時，正巧逢著王母壽辰，麻姑就帶著酒去瑤臺祝壽。

另一說，麻姑是一位長著四寸長鳥爪的女子。有一天，她路過某位蔡姓人家，這家主人竟然說：「這女子的手真好，真想得到她來給我撓背。」麻姑一聽來氣了，於是這位男主人的眼睛就遭了殃，流血不止。不過，作為獻壽的麻姑，依舊是吉祥的象徵。

「麻姑獻壽圖」是如何來的

據說，「麻姑獻壽圖」是因為馮德麟而被畫上聖號碑的。馮德麟又名馮麟閣，海城縣人，生於清同治六年（一八六七年）。一九二〇年六月，他被任命為「三陵承辦、盛京副都統兼金州副都統」，掌管關外三陵。

馮德麟在任期間，聽說自己掌管的昭陵有一個傳說，每逢陰雨天，昭陵聖號碑就會顯現人形。有一次，他在昭陵拜謁完畢，突然想要觀看這傳說中的聖號碑。

可惜，當天天氣晴朗，馮德麟怎麼看都看不出半點「人形」，於是他就琢磨著還不如直接在碑上畫一幅「麻姑獻壽圖」。馮德麟只是隨口說出這個想法，卻不料他剛走，昭陵官員就找來了奉天的兩位赫赫有名的畫匠，在那聖號碑後面描畫了一幅栩栩如生的「麻姑獻壽圖」。可是，這妙筆丹青卻和莊嚴肅穆的石碑十分不稱。

清除「麻姑獻壽」

一九二五年，三陵衙門撤銷，馮德麟返回故鄉，當時的奉天省署便立刻命令昭陵管理人員把這圖塗掉。不過，員責清理的人員費了九牛二虎之力也沒能完全將其塗掉。於是，聖號碑的背面就成了斑斑駁駁的模樣。再後來，一場雷火無情地焚毀了大明樓，當然聖號碑也不能幸免於難，碑身被火燒裂，最後只能用鐵箍加固。不過值得慶幸的是，「麻姑獻壽圖」的殘留物全燒沒了。

其他石碑幻影

在昭陵內，還有另一座記載著皇太極的豐功偉績的著名石碑——神功聖德碑。這個石碑也曾出現幻影。

這座石碑修建在陵寢的中軸在線，它的作用就是充

當影壁，寓意清朝江山一眼望不到頭。據傳，每到陰雨天，神功聖德碑背面就會隱隱約約地出現人形，此人身材修長、翩若驚鴻，就像一個姿容俏麗的美女，因此有人叫這碑為美女石。這「神碑幻影」也成為盛京十景之一，還有很多文人墨客留下了詩文記載。除了昭陵的石碑外，永城芒山鎮劉邦斬蛇碑每逢夜間就會出現幻影。幻影主要是一個金甲武士，雄赳赳氣昂昂，一手仗劍、一手捋著美髯，閃閃發光，大家紛紛以為這是劉邦顯靈。

據說，這斬蛇碑是為了紀念這樣一件事情的：秦朝末年，劉邦還是一個小小的泗水亭亭長。有一次，他負責押送一批刑徒，然而在到達芒碭山腳下時，已經逃走了許多刑徒。按照當時秦朝法律，這是大罪。於是，劉邦咬咬牙把剩下的人全放了。可就在這時，一條大蛇擋住了他們的去路，劉邦急忙上前揮劍將蛇斬為兩截。後人為了紀念他，就修了這座「劉邦斬蛇碑」。

除了這些，還有很多石碑都有傳奇的故事。遼南耀州廟有一座石碑，此碑能顯現出一尊「韋馱神像」。仁壽縣黑龍灘風景區有兩塊石碑，如果水潑到它們上面，右側的石碑會出現一行大字，左側的石碑則會出現一幅墨竹圖。當上面的水分漸漸蒸發之後，圖也就消失無蹤了。

北京半壁店森林公園有塊石碑，每逢陰雨天，石碑上就會顯現出一隻熊的模樣。山東曲阜境內有孔林，是聖人孔子的埋葬之地。在離孔子墓不遠處，有一個遠近聞名的石碑，傳說每逢祭祀孔子的時候它就會「流淚」。據說，北京故宮每到雷雨交加的夜晚，城牆上會像放電影一樣重現當年深宮生活的一幕幕場景，例如宮女、太監打著燈籠到處行走，等等。「石碑幻影」的現象為何會出現？又是因為什麼而出現的呢？

解密「石碑幻影」

關於種種石碑幻影的奇特現象，有以下幾種科學解釋：

一、材質和水分的共同作用。有專家認為，「石碑幻影」是一種神奇的自然現象。由於石碑石質紋理不同，以致在陰雨天裡，所吸收的水分不同，從而導致了石碑受潮後所顯現的顏色深淺不一。

二、反射問題。有專家也認為，像這種石碑呈現幻影的情況，是由於光的反射作用造成的。石碑表面不可能真的如鏡子一般光滑，一定有很多微小的凹凸。這些凹凸面便會形成不同的反射。白天的光屬於漫反射，因此看不見圖像，而像劉邦斬蛇碑這樣，夜晚有定點的光

源，凹凸不平的表面就會形成不同的反射，從而產生明暗變化，就會出現一定的影像。

三、「流淚」的解釋。如果石碑是石灰岩建造的，那麼石碑「流淚」就很可能是其受到了天氣的影響。這是因為石灰岩有很好的吸水性，裡面的水分在一定條件下會被釋放。另外，游人經常摸來摸去，會使石碑表面形成一層「油膜」，當天氣濕潤的時候，水蒸氣會凝結在這層油膜上而不會被石灰岩吸收，因此會造成「流淚」現象。專家稱，孔林的石碑「流淚」，就是這個原因導致的。

四、塗料問題。至於傳說中的故宮幻影，有學者解釋，這是因為故宮牆面上的塗料的緣故。紅色的塗料裡含有四氧化三鐵，而閃電可能會將電能傳導下來，如果碰巧有宮女經過，那麼這時候宮牆就相當於錄影帶，如果以後再有閃電巧合出現，可能就會像放映影像一樣出現那個被「錄」下來的宮女的影子。對「石碑幻影」的解釋還有很多，但是有一點卻很重要，那便是受到心理作用的影響，也會使人「看到」幻影，就像對著一面斑駁的花牆，有人也會想像牆面圖案，從而編出故事。對著被水分作用的石碑，也會把那潮濕的印象想成一幅圖畫了吧。

陶碗古墓之謎

桂林市靈川縣的文物工作者在當地三街鎮的一座土山上發現一處古墓葬，該墓葬的驚人之處就在於墓體的封土共分四層，第三層竟然是用成百上千個陶碗迭砌而成的。

陶碗古墓出現

二○○三年七月初，三街鎮一位叫庚亞洲的初中老師發現學校附近有一處古墓被盜。繼而他又驚奇地發現，這座古墓竟然是用成百上千個陶碗迭砌而成的。庚亞洲不敢耽誤，馬上將情況報告給了相關部門。

後來，經過考古專家勘察發現，這座墓葬已被盜過，損毀嚴重，最外層墓體封土只剩下一些殘缺不齊的青磚，第二層為比較薄的黃土加石灰，第三層

則全部用碗相互交叉迭砌。經考古專家鑒定，這些碗具硬度尚未達到瓷的硬度，應屬於陶碗，但碗具裡外都沒有紋飾，只有一層釉。第四層封土是黃泥、石灰、草木灰混合成的三合土夾卵石，也是迭砌的。這座碗墓葬目前的發掘工作已基本結束。但由於墓葬被盜過，考古人員在發掘過程中沒有發現隨葬品，只清理出了部分肢骨、頭蓋骨及五枚清朝順治、康熙和乾隆年間的銅錢，其中有一枚已殘缺，表面文字模糊不清。考古專家初步推定這座碗墓葬的年代跨度，大約在明末至清朝乾隆年間，但墓主人身分仍難以確定。

建墓材料之謎

用做餐具的碗為何成了墓葬的建築材料？當地老百姓眾說紛紜，卻一直沒有可信的左證。據廣西壯族自治區文物工作隊的有關專家和靈川縣文物管理所所長莫志東介紹，像這類碗墓葬原先只在桂林市的靖江王宗室墓和靈川、臨桂兩縣偶有發現，在桂林市其他地方和整個廣西都極少見到，全國也尚未見到類似的報導。因此，碗墓葬究竟源於何時、何地，是一種什麼樣的葬俗，這都是一個個尚待解開的謎。

探祕水下古墓

　　對水下古城的探祕，揭開在千島湖底沉睡了四十年的遂安古城的神祕面紗，千島湖旅游局組織有關方面專家，並從北京邀請了六名潛水員，還攜帶了國內先進的水下攝影設備。讓人沒有想到的是，這次探祕卻得到了意外的收穫。

　　用於水下古城探摸工作的水下機器人，具備靈活、安全的拍攝能力。然而，在一次城牆以外下潛過程中，機器人下潛

到二十八公尺的深度時，失去了控制。潛水員下水查看故障時發現，機器人的電纜線與原來放置在水中的浮標繩索和另一組潛水員帶到水中的燈光電纜發生了纏繞。潛水員用潛水刀割斷尼龍製的浮標繩索，恢復了機器人

的自由行動。就在此時，潛水員意外地發現，在剛剛發生故障的水域附近，有模糊的建築物的影子。湊近觀察後才看清楚，這裡是一座古代的墓葬。墓葬仍然保存著隆起的圓形土丘。潛水員很快找到了墓葬的石碑，擦去浮泥後，發現石碑上雕刻著「古塚」二字。而石碑的右邊寫有「道光己巳年仲冬」的字樣，石碑的下半部分被掩埋在淤泥中。潛水員看到墓葬的周圍用木材圍成了一個圈，墓葬前方的石塊整齊地壘成了一堵矮牆。

有關專家查閱資料後分析，這個墓葬是經過清代時重修的當地的一個古老的墓葬。而墓葬的主人和保存的情況還不得而知。

 相關連結

千島湖

全世界有兩個千島湖，一個在加拿大，一個位於中國浙江省淳安縣境內。中國的千島湖共擁有一千零七十八個島嶼，這些島嶼形態各異，分布有疏有密，羅列有致，是世界上島嶼最多的湖。

異域古墓

　　世界上有許多古墓，它們都與世隔絕，終年不見天日，所以一般人會認為裡面應該是伸手不見五指。可是大家不知道的是，有的古墓的拱頂上，却亮著一盞明燈，投射著幽幽的光芒……

胡夫金字塔

　　說起金字塔，幾乎是無人不知無人不曉。它是古埃及文明的代表作，也是埃及人民的驕傲。在埃及共發現金字塔九十六座，其中胡夫金字塔是最高大的一座埃及建築，一直以來都是最為世人熟悉的象徵埃及的建築。這座匯集了埃及歷史上所有文明與智慧的建築，以一貫的沉默挑戰著後人探索與發現的能力。關於它，還有很多不解之謎。

建造金字塔的石塊

　　關於胡夫其人，埃及歷史上並無過多記載，人們只知道他是古王國第四王朝第二位法老，在位二十三年。然而，他為世人留下的那座龐然大物卻足以讓他名垂青史。胡夫金字塔原本高一四六·五公尺，但是經過四千五百多年的風雨，金字塔尖已經消磨，現在金字塔只有一三六·五公尺高。它的塔基呈正方形，邊長約二三〇

·六公尺，占地約五萬二千九百平方公尺。整個大金字塔約由兩百三十萬塊大小不等的石塊砌成，這些石塊最輕的一·五噸，平均重量約二·五噸，總重量約六百八十四·八萬噸。如果把金字塔上的石頭

全部拆下來，用載重七噸的卡車來裝載，那麼一共需要九十七萬八千二百八十六輛。假如把這些卡車一輛輛連接起來，總長度是六千兩百公里。人們不禁要問，這麼多石塊到底是從哪裡採來的？有人推測是就近取材。但是，胡夫金字塔附近沒有白石灰礦，也沒有花崗岩礦，那麼，金字塔外層的十一·五萬塊上等白石灰石以及塔內部的花崗岩又是從哪裡來的？

　　人們在位於尼羅河東岸的穆卡塔姆採石場看到了白石灰的蹤跡，這裡是離胡夫金字塔最近的石灰礦了。所以，建造胡夫金字塔的石灰石只能來自這裡。至於內部墓室的花崗岩，人們推測它們可能來自於八百公里外的

阿斯旺。但當時又是如何將如此多的石材搬運到這裡來的呢？按照常識推測，要完成起如此偉大的工程，這個國家至少要有五千萬人口，否則國力難以達到。但是在公元前三千年左右，這個國家的人口遠遠達不到此標準。

另外，除胡夫金字塔外，在埃及已經發現的金字塔還有九十多座。即便按照古希臘歷史學家的推測，每三十年完成一座的話，要想建成這九十多座金字塔，大概也需要二千七百年之久。那麼，埃及人是如何完成這些龐大工程的呢？

而且關於金字塔建造的難題還有很多，例如運輸問題。即使當時的埃及有足夠的人力，他們又是如何將這些重一‧五噸至三十噸的巨石運送到工地的？是用車載，還是用馬拉？可是當時的埃及既沒有車，也沒有馬。埃及直到公元前十六世紀才有了車和馬，而那個時候胡夫金字塔已經建成一千年了。

也許埃及人是用圓木墊在這些石頭的下面，再用棍撬起運輸的。但是，在當時的埃及，哪裡尋得到這麼多粗壯又堅實的木材呢？據說當時埃及主要生長棕櫚樹，這種樹木生長速度慢，數量也遠沒有那麼多。

一九八○年，在一次考古活動中，埃及吉薩古蹟督

察長哈瓦斯在地下三十多公尺處發現了一個至少深五十公尺的岩壁。據推測，這可能是埃及第四王朝時開鑿的港口。接下來，又有人發現了連通港口的水道。於是有人做出了一個大膽的推測——金字塔上的石頭是通過水運而來。但人們很快又發現了其他問題。在那個沒有滑輪，沒有絞車，沒有足夠先進起重設備的年代，這些笨重的石塊是如何在港口附近下坡、上船、啟岸的呢？而這些似乎比在陸地上進行撬運還要困難。

金字塔的構建之謎

很少有人知道金字塔背後的這個名字——伊姆·荷太普，據說他就是金字塔的設計者。在伊姆的天才面前，在他超越時代的智慧面前，我們只有驚訝和疑問。因為神跡般的金字塔本身的存在，就是一系列巨大的問號。在古埃及人沒有水平儀，沒有動力設備，甚至連直尺都沒有的情況下，他們是如何在金字塔底部平整出一塊五萬兩千九百平方公尺的塔基的？據測量，塔基四條底邊的長度相差不到二十公分，即誤差率幾乎不到千分之一；它的東南角和西北角的高度僅相差一·二七公分，誤差率不到萬分之一；它的東西軸和南北軸的方位

誤差也不超過五弧秒。據說，古埃及人最好的測量工具就是自己的胳膊，他們稱之為「腕尺」。就是靠這種極不穩定和極不準確的「腕尺」，埃及人完成了精準的施工。

為了讓金字塔能夠萬古長存，伊姆‧荷太普聰明地摒棄了木材和鐵釘。因為木質易腐，鐵質易銹，它們都無法長久地與時間和重力抗衡。所以，現在的金字塔上沒有木材，沒有鐵器，而且石塊與石塊之間沒有任何黏接物。這些石塊被緊緊地拼結在一起，甚至連最薄的刀片也插不進去。古埃及人是如何做到這一切的呢？他們沒有現在的石材切割機，沒有打磨機，難道真的完全憑手工鑿成如此平整的石材嗎？直到現在，這依然是全世界的建築學家、考古學家們爭論的話題。人們爭來辯去，至今仍沒有結論。

我們現在先假設那些石頭已經被埃及人用一種神祕的方法弄成了嚴整的方塊，那麼，他們又是如何把這些石塊一層層疊上去的呢？

有人說埃及人是運用一種木製的船形工具，利用損桿原理，將巨石一點點舉高，一層層疊上去的。想像是美妙的，如果我們在實驗室裡做這樣一個模型，也可以

完成一些基本操作。可關鍵是，那是在古代的埃及，那些船形工具面對的是重達幾噸甚至幾十噸的龐然大物。所以，誰又能告訴我們那些能支撐幾噸、幾十噸重物的支架和繩索是從哪裡來的？

於是，又有人想到了沙子，認為埃及人是運用填沙法，沿著塔基填沙，沙圍隨著塔基的升高，而充當腳手架，塔成之後，再清除沙子。可是，要想在一座高約一百四十六公尺、塔基邊長約二百三十公尺的龐然大物旁邊圍上沙子，那需要多少沙子呢？這麼多的沙子從哪裡來？人們又是如何將這些沙子運來運去的呢？

還有人說填的不是沙子，而是鹽。工程完工後，只需要用水將這些鹽溶解，而不需要搬走。但是，人們如何找到這麼多的鹽？更何況，鹽比沙子有更大的劣勢，那就是一場暴雨就可以把金字塔周圍變成一片鹽水的海洋。

另外，人們在胡夫金字塔北距地面十三公尺的地方找到了一個神祕的入口。這個入口是許多盜墓者、探險者、考察者爭相光顧的地方。但是從九世紀到現在，與這個入口相連的內部結構依然幽暗如同迷宮。

金字塔內部是另一個詭異的世界。這裡的通道如同蛛網般密集，牆壁光滑，上面飾有浮雕。通道裡有整齊

的臺階，如同血脈一樣朝四面八方延伸，它們經過墓室，一直到達更深的地下。金字塔的墓室裡有兩條通氣孔通到塔外，據說通氣孔是留給死者靈魂自由出入的。一條對準代表永生的天龍座，一條對準代表復活的獵戶座。可見，這兩個星座的確是古埃及人向往的靈魂飛升之所。人們不免又要問：這樣精巧的設計和構思，古人又是如何在四千五百年前完成的？

最令人感到奇怪的是，人們在埃及所有的金字塔裡都沒有找到照明的痕跡。即便考古學家動用了最現代化的儀器，將金字塔裡積存四千五百年之久的灰塵都分析了一下——據說，這些先進的儀器可以分析每一粒灰塵中的百萬分之一的化學成分——但人們沒有找到燃燒時由煙凝積成的煙灰——炱，更沒有找到刮掉煙炱的蛛絲馬跡。那麼，古埃及人是如何照明的呢？他們在雕飾浮雕、清掃墓室、搬運王屍的時候，難道如盲人一樣在黑暗中進行的嗎？在歷史的漫漫長夜之中，埃及人用怎樣靈光一閃的智慧成就了金字塔的偉大和輝煌？

關於創造者的怪論

有關於金字塔的言論千奇百怪，但是這些奇怪的談

論有一個相同之處——普遍否認金字塔是古埃及人的傑作，也不是什麼國王的陵墓。

有人認為，正因為胡夫大金字塔顯示了眾多令人咋舌的科技能力，所以，它絕對不是古埃及人造的，而是外星人建造的，他們建造這樣一座偉大的建築就好像搭積木一樣簡單。這些吵吵鬧鬧的外星人如孩童一樣在地球上搭建好金字塔後，又返回了外星。

也有人認為，胡夫金字塔是亞特蘭蒂斯島先民所造。據說，這個島嶼位於大西洋直布羅陀海峽以西，公元前一萬年，人類普遍處於混沌時期的時候，他們曾創造過輝煌的文明。後來，島上的居民不知惹上了什麼麻煩，該島突然沉於海底。島上的精英們提前撤離，其中一部分人帶著科技數據在埃及建立了科學中心。他們生存下來以後，參照故鄉的廟宇建造了金字塔，並把所有的知識都藏於金字塔的內部結構中。

還有人認為，金字塔的建造者是居住在非洲阿特拉斯山中麓的一個名叫柏伯爾的部落。遠古時代，撒哈拉土地肥沃，物產豐富，是人類居住的樂土。後來土地逐漸沙漠化，部落東遷至尼羅河河谷，他們的酋長就成了埃及國王。這些酋長們動用各種各樣神奇的法術建造了

金字塔。部落的人們甚至還未卜先知地了解到人類此後要經歷一段極其黑暗愚昧的時期，於是開始朝世界各地疏散，其中的一支就轉移到了阿特拉斯山。

另外，有人認為，胡夫金字塔不是陵墓，而是天神下界的停留站，是人類歷史上第一座祕密廟宇，在那裡儲藏著開天闢地以來直到世界末日的所有記載。一旦這座倉庫被打開，那麼整個人類歷史就可以大白於天下。

還有人說，胡夫金字塔是一座精確的天文臺，利用它可以觀察蒼穹，了解星辰的運行；同時，它還是多功能的計量器，可用於測量土地，可計算時間，確定一年有三百六十五‧二四二二天。

人們對胡夫金字塔的研究越深入，遇到的難題也越多。沉默的金字塔簡直就是古埃及人留在沙漠中的一座謎語之宮。它的存在，是對人類智慧與想像力無休止的挑戰。

馬耳他地窖之謎

　　在馬耳他島繁榮興旺的佩奧拉鎮，一家食品店下面埋藏著地中海地區一座令人讚嘆不已的遺跡。這座遺跡是一九○二年一群建築工人發現的。當時工人正在開鑿岩石，建造蓄水庫，突然腳下的岩石被鑿空了，呈現出一個大洞。這個洞下竟然是一個鑿通硬石灰岩而建成的宏偉地下室。起初工人利用這個石洞來堆放碎石廢泥，還堆集垃圾。但其中一個工人認為這個洞穴不比尋常，並非自然形成的，而是人工鑿成的石室，於是將此發現向當地一些考古學家報告。

　　那些考古學家搬走了所有垃圾、泥石，發現裡面的石室眾多，好比一座地下迷宮，最深處距離地面十公尺，石室一間一間地連通，上下有三層。令人無法名之，只得引用希臘文中「地窖」一詞，意思是地下建築，任何人到此一遊，莫不嘖嘖稱奇。地窖的開鑿工程十分浩大，至於建築特色，包括石柱和屋頂，與馬耳他

許多古廟宇如出一轍，不同的是別的廟宇建築在地面上，它則完全在地底。考古學家在地窖範圍內越是往下發掘，越發覺這不像一座廟宇，尤其是在發現裡面埋藏有七千具骸骨的時候。那麼這地窖到底有什麼作用，又是什麼時

代建成的？地窖築成的年代比起地窖的作用，較容易獲得解答。當地與此建築風格相近的其他廟宇，多建於公元前兩千四百年前後的石器時代。島民以牛角或鹿角所製的鑿子和楔子，用石槌敲進岩石以進行開鑿，他們用過的兩把石槌及做精工細活時用的燧石和黑曜岩工具，都被發掘了出來。

　　我們對這些島民所知不多，但是從他們留下的精美建築，可窺見他們超卓的建築才能。地窖裡的一個從石灰岩上鑿出的石室，足以證明這一點。這個石室的設計獨特，被人們稱為「神偷室」。在石室裡，有一堵牆壁

削去一塊，後面是狀似壁龕、僅容一人的石窟。一個人坐進去照平常一樣說話，聲音可以傳遍整個石室，並且完全沒有失真。女人說話時因為聲調較高，所以不能產生同樣的效果。這石室靠近頂處，沿四周牆壁上鑿了一道脊壁，人的聲音就沿著這條脊壁向四處傳播。設計石室的人顯然知道這個設計產生的特殊傳聲效果。

因為發現了這個回聲室，考古學家便認為這座地窖是在宗教方面有特殊用途的建築，這石室說不定是祭司的傳諭所。但祭司雖然必是男性，但崇拜的對象大概是女神，因為考古學家在地窖發現兩尊女人臥像，都是側身躺臥，另外發現幾尊特別肥大、也許以孕婦為參照的側臥像。這些證據顯示地窖可能是個崇拜地母的地方。不管崇拜的是什麼神祇，這個地窖的陰森怪異的環境，一定會使前來敬神求諭的人肅然敬畏，每次進去總是誠惶誠恐。

另外，在一個寬度不足二十平方公尺的小室裡，竟然有七千具遺骸，又怎樣解釋呢？骸骨並不完整，因為那麼狹小的地方根本容不下七千具屍體。室內遺骨散落，說明那是以一種移葬方法集中到室內的，所謂移葬是初次土葬後若干年，屍體腐爛，成了骷髏，然後撿拾遺骨

移到別處重新埋藏。這種埋藏方式，在原始民族中很普遍。這樣說來，地窖不就是善男信女永久安息之地嗎？

　　沒有人知道馬爾他島的居民什麼時候和為什麼如此安放骸骨，也沒有人知道這座廟宇在哪個時期變為墓地，還是初建時就具有這兩種用途。許多屹立在地上的廟宇是模仿早期石墓建造的，說不定這座地窖要把建築方式倒轉過來，因此這是一座仿效地上廟宇模式興建的墳墓。關於這個地窖的問題都找不到答案，而這種舉世無雙的地下建築到底為什麼興建，大概永遠是個不解之謎。

圖坦卡蒙的詛咒

圖坦卡蒙是埃及十八王朝的一位年輕的法老，公元前一三六一年至公元前一三五二年在位。他的身世和神祕死亡，都是埃及歷史上的謎團。

出土的文物

一九二二年十一月，英國考古學家霍華特・卡特在開羅以南五百公里左右的尼羅河西岸，成功地找到了圖坦卡蒙的陵墓。這是迄今為止所有考古發掘中最為偉大的發掘。走進圖坦卡蒙的墓室，首先映入眼簾的是一道金碧輝煌的神龕，龕體長約五・一八公尺，寬約三・三五公尺，高約二・七四公尺，全部用黃金覆蓋，四面鑲著鮮艷的藍色飾板，描繪

著精美的宗教圖案。

葬室中央有一口閃光的龕形金櫃，打開一層之後，還有第二層、第三層，一層比一層裝飾得更為華麗精巧，直到第四層金龕打開之後，才看到一口碩大無比的石英石鑿成的石棺。

石棺蓋有一千千克重，它的下面是著名的「人形棺」的棺蓋。這位年幼國王的黃金像和棺蓋融成一體：他雙手交叉，左手握著君主的節杖，右手握著奧西里斯神鞭，前額鑲嵌的寶石徽章則是蛇和鷹的形象，表情冷漠而又嚴峻。

這樣的人形棺共三層，每一個的大小都恰好卡進另一個，工藝相當精細。最後一層用純金打造，長一·八八公尺，厚〇·三八公分至〇·五三公分，僅此一項，就用了一一〇·九千克黃金，上面還鑲嵌著數百顆漂亮的寶石。

圖坦卡蒙的木乃伊已經發黑並且變形，其頭肩部覆蓋著一個精美絕倫的黃金面罩，那雙灼灼逼人的黑色眼睛，彷彿要穿透盜墓者的靈魂。唯有法老胸項前的一個

由矢車菊、百合花組成的花環，顯出樸素的人情味兒。這是同樣年輕的王後安克塞佩頓所贈。三千年後，這幾朵小花雖然早已枯萎，卻依然美麗。卡特在他的身上和裹屍布上清點出了一百四十三塊各類寶石，展示著這位早逝帝王的最後奢華。圖坦卡蒙陵墓的發現震驚了世界。墓中發掘出來的珠寶、首飾、工藝品、家具、衣物和兵器等物，達五千多件，所有的出土文物都是絕世精品，它以無可比擬的歷史價值和美學價值，被世人列為世界十大寶藏之首。然而，更引起人們關注的是圖坦卡蒙對盜墓者的詛咒。

圖坦卡蒙的詛咒

在進入圖坦卡蒙陵墓之前，卡特就發現過一個看上去十分普通的陶瓷碑，上面寫道：

誰攪擾了法老的安寧，
死神之翼將降臨到他的頭上。

在主墓室的一尊神像的背面，也寫著這樣一行字：

作為圖坦卡蒙陵墓的保衛者，
我將用沙漠之火驅逐盜墓賊。

這些咒語在陵墓中十分常見，所以並沒有引起卡特和在場的專家、學者的注意。可是誰都沒有料到，他們正在一步步走向死亡。

第一位犧牲者就是投資發掘陵墓的卡納馮勛爵。

一天，當他正要步入陵墓入口時，忽然被一隻毒蚊子叮咬了一下，左面頰略微有些疼痛，全身有一種無法抑制的恐怖感，待他回去之後，左面頰被叮咬的地方腫了起來。幾天之後，卡納馮勛爵在刮鬍鬚時，雖然小心翼翼地特別留心避免碰到那個傷口，可還是在不知不覺中割破了腫塊。沒想到這一下竟然導致了敗血症。就在四月四日凌晨二點左右，開羅市突然不明原因地停了五分鐘的電，整座城市陷入濃厚的黑暗之中，當驚慌的護士回到病房時，卡納馮勛爵已經氣絕身亡。更奇怪的是，就在他死去的時候，他豢養在英國的狐皮狗，也悲切地嚎叫著死去了，這嚇壞了他海克利爾城堡的蘇格蘭門衛。有一個奇妙的巧合引起了某些人的注意。當一位學者用 X 光檢視圖坦卡蒙木乃伊時，其左臉頰上有一個瘡痂，傷痕的位置竟然與卡納馮爵士被「某種東西」叮螫的部位相同。

亨利·伯銳斯特教授，一個曾經進入古墓內室進行

研究的學者，經歷了一場持續的高燒之後，堅持為古墓工作了十二年，直到七十歲才去世。而勒‧弗米爾教授則在他來到魯克索參觀古墓的第一個晚上就去世了。美國鐵路業巨頭喬治‧傑‧戈德是卡納馮勛爵的老朋友，他對老友之死滿懷疑竇，於是前往埃及考察。在卡特陪同他參觀圖坦卡蒙陵墓後的第二天清晨，卻突然發起高燒，並在當夜猝死。

第一個解開圖坦卡蒙裹屍布，並用 X 光透視其身體的齊伯爾特‧理德教授，在拍了幾張照片後突發高燒，不得不回到倫敦。不久，他也一命嗚呼。而另一名考古學家，埃普林‧霍瓦依特博士則在離開圖坦卡蒙王陵幾天後，自殺身亡。

卡特最重要的助手、幫助卡特打通陵墓最後一堵厚牆的考古學家阿瑟‧梅斯，完成這項工作之後，身體便每況愈下。一九二八年四月，他毫無理由地陷入深度昏迷，死在旅館裡。這間旅館，也就是卡納馮勛爵生前最後居住過的那一家。

一九二九年十一月，卡特的另一名助手理查德德‧貝瑟爾在工作之後死於心臟病突發，時年四十五歲。奇怪的是，他八十七歲的父親遠在倫敦，聽說了兒子的死

訊後，在家裡跳樓身亡；為老貝瑟爾運送靈柩的馬車則在路上撞死了一位行人。就在這一年，最早的受害者卡納馮勛爵的妻子阿爾米娜夫人也不幸去世。據說，她也是被一隻毒蟲叮咬後死去的，整個過程，甚至包括叮咬的部位，都幾乎和她丈夫的一模一樣。到一九三〇年底，已經有二十二位與圖坦卡蒙王陵直接或間接扯上關系的人死於非命，其中直接參與過陵墓挖掘的共十三人──這是一個歐洲人最忌諱、最恐慌的數字。但是，發掘工作的主持人卡特卻並沒有受到生命的威脅。

卡特在挖掘工作結束了的十六年後去世，時年六十五歲。他比任何人都嘲笑「詛咒」，他認為，他的存在便是對「詛咒」的否定。但人們都記得，在發掘工作剛剛開始時，一條眼鏡蛇潛入了卡特房間，向卡特寵愛的金絲鳥發起了凶猛的襲擊。眼鏡蛇是埃及法老王權的象徵，但現在已十分罕見，尤其是在冬天。金絲鳥被吃掉的事，曾經使卡特的精神籠罩過一片陰影。

「圖坦卡蒙的詛咒」並沒有因為相關人員的相繼離世而終止。幾年後，「圖坦卡蒙」展即將在巴黎舉行，埃及政府的文物管理官穆罕默德‧伊布蘭姆，曾經強烈反對把文物帶出埃及本土，但是，在他向政府妥協同意

的數天之後，他的女兒猝然遭遇車禍而死亡，而他本人也在不久後被汽車輾過，頭蓋骨受重傷，住院三天後死去。

科學家的論斷

相繼死亡的相關人員多達五十人，這不能不使人感到驚奇。儘管這些所謂的死亡事件，有的是牽強附會，有的純屬巧合，但因為數量偏大，還是引起了科學界的關注。

科學家們當然不相信怪異的「詛咒」之說，他們以科學的求實精神，對這一系列的奇異詭祕的連續死亡事件，作了認真的研究，提出了一些頗有見地的解釋：有人說，墓道壁上有一層粉紅色、灰綠色的東西，可能是一層死光；或許古埃及人早就了解鈾的特性，這積聚了幾千年的放射性物質是導致考古人員死亡的原因。有人說，古埃及的祭司們，是人類歷史上已知最早也最善於利用毒藥的人群，他們完全有能力以劇毒物做武器，來保護埃及統治者的陵墓免受侵犯。開羅大學生物博士伊澤廷豪聲稱，根據他對博物館許多考古學家、工作人員進行定期體檢的結果發現，所有體檢者的肌體，均帶有

一種能引起呼吸道感染，使人發高燒的病毒。進入墓穴的人由於感染這種病毒，導致呼吸道發炎，最終窒息而死。

　　一位叫菲力普的法國女醫生認為，這些人死亡的原因，都是因為發掘者和參觀者對墓中霉菌過敏反應造成的。據她研究，死者病狀基本相同——肺部感染，窒息而死。她解釋說，古埃及法老死後，隨葬品除珍寶、工藝品、衣服外，還放置了各種水果、蔬菜和大量食品，後者經過千百年的腐爛，成為了一種肉眼難見的黴霉菌，黏附在墓穴中。不論是誰，只要吸入這種毒菌，就有可能引起肺部急性發炎，最後呼吸困難而痛苦地死去。

　　除此之外，還有一些科學家另闢蹊徑，他們認為，所謂的法老「咒語」，很可能來自建築物構造本身。其墓道與墓穴的結構設計，能產生、聚集並釋放各種射線、磁振蕩和能量波，或者形成某種物理場。正是這種神祕的力量，導致了許多人的死亡。研究還在進行，「圖坦卡蒙詛咒」之謎，一定會得到一個公認的比較科學的解釋。

腓力二世墓

驚奇發現

為了尋找腓力二世的陵墓，人們花費了兩千多年的時間，可是一無所獲。直到二十世紀七〇年代初，有位學者證明了希臘北部的韋爾吉納小鎮就是昔日馬其頓人的首都。

這一消息發出後，安茲羅尼科斯便前往韋爾吉納，想要尋找腓力二世的陵墓。一九七二年，安茲羅尼科斯在希臘北部的韋爾吉納小鎮的一座大墳丘上，挖掘出一座特殊的拱頂。在正中的墓門上裝飾著一道長五‧五六公尺的彩繪圖案，表現的是獵獅的場面，這是馬其頓王室熱愛的一種休閒活動。令人欣喜的是，大門口的兩塊石板上沒有被人觸動過的痕跡，這很可能意味著它是一座自從封閉後就再未有人來過的陵墓。

人們該如何才能進入這緊閉的陵墓呢？經驗豐富的

安茲羅尼科斯制訂了最保險的方案，巧妙地移走了拱形頂部的拱心石，陵墓被打開了。墓室暴露在發掘者眼前，只見墓室的地板上有一批銀製器皿，牆邊立著青銅盔甲。在墓室後面朝門的地方，有一個盒狀的大理石棺，裡面是一個華麗的純金骨灰匣。這個骨灰匣長四十公分，寬三十三‧五公分，重十‧八千克，四足的獅爪莊重威嚴，而頂蓋上的旭日形圖案正是馬其頓王族典型的星光形徽記。骨灰匣的四壁雕著植物的花紋，有玫瑰花、棕櫚葉和藤蔓等。浮雕的雕刻技術十分精湛，美麗的寶石精妙地鑲在玫瑰花的花瓣裡，在純金的襯托下，寶石閃爍著迷人的光芒。骨灰匣裡裝殮著一具火化後的骸骨，它最初被包在紫色的錦緞裡，上面覆蓋著由黃金橡葉和橡子環繞而成的金橡樹花環。

大理石棺前還放著一張木床，由於歲月久遠，木床已經朽壞。這張木床是用來擺放墓主人的盔甲、青銅胸甲、金箔包裹的護脛、鞋履、刀、王笏和王冕的。木床兩側還有銀杯、銀瓶、矛、盾牌等隨葬品。清除掉木床上厚厚的塵土後，一個只有二‧五四公分大小的微型象

牙浮雕頭像引起了安茲羅尼科斯的關注，工匠以高超的技藝在象牙上雕出了三男二女的頭像。隨著挖掘工作的繼續，在陵墓的前方，安茲羅尼科斯等人又發現了第五個墓室。這個墓室裡的陪葬品的風格與第一個墓室很像，

前庭也有一具純金骨灰匣，重八・四二千克。裡面裝有一具女人的遺骸，其年齡在二十五歲至二十九歲之間。

豐富的隨葬品

在馬其頓王國時期的古希臘，墓中的這些器物全是上品。在墓主人的盔甲上，形象地刻有雅典女神和八個獅頭浮雕，盔甲和盾牌上的金帶和金環仍然像數千年前那樣光彩照人。發掘者們還發現，墓室內的一頂頭盔上有一條帶狀的金銀頭飾，它曾是希臘國王佩戴的飾品。墓內發現的壁畫和器物風格所屬的年代也準確表明，這座墓屬於公元前四世紀中葉。同時，根據出土

的陶器和其他物品的製作工藝，安茲羅尼科斯判斷，這座墳墓是在公元前三四○年至公元前三一○年間封閉的，而那時恰巧就是腓力二世被葬的年代。

看到這一切，安茲羅尼科斯激動極了，古墓的面積如此之大，遺存如此之豐富，都有力地證明著墓主人身分的不同尋常。由於橡樹葉是古希臘主神宙斯的象徵，安茲羅尼科斯看著第一座墓裡發現的金橡樹花環，在心中再一次肯定了自己的設想——這絕對是馬其頓王國某個偉大帝王的陵墓，而且極有可能就是那位曾經叱咤風雲的腓力二世的安眠之所。

此後，安茲羅尼科斯對那組三男二女的象牙雕像進行了大量研究，斷定其中二男一女的頭像就是腓力二世和王後及他們的兒子亞歷山大大帝。

結合其他考古所得，安茲羅尼科斯大聲向考古界宣布：「我已經找到了馬其頓國王腓力二世的陵墓！」然而他的論斷並沒能贏得其他人的贊同，其他考古學家認為他的證據不夠確鑿。要證明此墓的主人就是腓力二世，哪怕是有一句簡短的碑文也好，然而遺憾的是，人們在墓中並沒有找到。

重大的進展

來自考古學界的質疑和肯定此起彼伏。為了解開這個謎團，安茲羅尼科斯又做了種種努力，但終究事與願違。

二十世紀九〇年代，法醫學界鑑定水平有了重大進展，當時有一項技術是拿到人的一個細胞，推測出這個人的大致相貌。考古學家們決定把這項新技術運用到解開馬其頓國王墓考古謎案中來。一批法醫專家開始了緊張的工作，他們從古墓裡疑為腓力二世的遺骸上取了樣本，透過計算機分析，得出一系列數據，並繪製了計算機畫像。結合古代文獻對腓力二世的可靠記載，專家們塑造了一尊更形象的蠟像，為它加上了腓力二世的胡須和服飾，最後顯現出的這位男子身高在一‧六七公尺至一‧七二公尺之間，年齡四十歲左右，面貌凶狠，一隻眼睛已盲，另一隻眼睛冷冷地看著前方的虛空。從這張面孔上，我們似乎看到了腓力二世復回人間，他還在看著自己的千軍萬馬，還在注視著自己的遼闊疆土。這張法醫專家們塑造的面孔和從古代保留下來的腓力二世畫像十分相似，以至於第一眼看到復原蠟像的人都會驚呼：「他真是太像腓力二世了！」

考古謎案的破解終於有了新的希望，人們在欣喜之餘又有了新的靈感。為了給古墓主人的身分找到更為確鑿的證據，考古學家們想到用腓力二世兒子的遺骨來最終驗證古墓主人的身分，即將亞歷山大大帝的遺骨與疑為腓力二世的骨灰做一個 DNA 測試，以證明考古學家的猜測。然而，人們一直到現在也沒有找到亞歷山大大帝的陵墓。和他的父親一樣，南徵北戰的亞歷山大最後也是死於非命，而關於他的墓地的爭論同樣也持續了近兩個世紀。想透過 DNA 測試確定腓力二世遺骨的計畫也就落空了。

亞歷山大大帝陵墓之謎

亞歷山大大帝（公元前三五六至公元前三二三年），是古代馬其頓國王腓力二世的兒子。亞歷山大於公元前三三六年即位後，東征西伐，在短短的十餘年裡，建立起了東起印度河、西至尼羅河與巴爾幹半島，橫跨歐、亞、非三大洲的大帝國。這位生前赫赫有名的英雄，死後卻給人們留下了無數謎團。這位著名的歷史人物為什麼會英年早逝？他的陵墓究竟在哪裡？

死因之謎

這個一生極富傳奇色彩的人物，關於其死因的說法也充滿了傳奇色彩。一種傳聞說：亞歷山大病死在遠征印度的途中，死得很突然很蹊蹺。傳說東征途中，他在距離巴比倫不遠的地方，碰上了一些精通天文和占卜的祭司，他們勸告他不要去巴比倫，否則凶多吉少。雖然這番話多少給他帶來了一些不愉快，但是雄心勃勃的亞

歷山大並沒有因此而停止前進的步伐。一天，亞歷山大駕駛著戰艦在湖泊上遊逛。突然刮來一陣風，把他的帽子吹走了，正好落在古亞述國王的墓上。所有的隨從以及亞歷山大本人都認為這是很不吉利的事。而派去追趕帽子的水手，在泅水回來時，竟大膽地把亞歷山大的帽子戴在了自己頭上，這就更增加了不祥之感。惱怒的亞歷山大當即把這個水手殺了。不久，他便身患重病。十三天後的傍晚，這位年僅三十三歲的國王帶著壯志未酬的遺憾，匆匆告別了人世。

這種說法帶有強烈的迷信色彩，現在的人們大多把它當做一個傳說來看。相對於這個傳說，人們更加相信這位年輕英武的國王的死是因為行軍過程中，一路辛勞，加之多次作戰，傷痕累累，後來在沼澤地裡又感染上了瘧疾，新病舊傷，體力耗盡。但是，人們不願意相信他死得如此平凡普通，便杜撰出了這樣一個傳說。另一個傳說是：在宴會上，有人往他的酒杯裡下了毒。所以他是死於一場陰謀。還有人說他是喝過酒後，氣溫突

然下降，因此感染了疾病而致死。總之，人們對他的死因莫衷一是，誰也不能拿出令人信服的證據來。

陵墓之謎

亞歷山大死後，按馬其頓王室傳統，他的遺體將被送往馬其頓王陵谷。但送葬的隊伍在路上遭到攔截，靈車神祕失蹤。幾個月之後，埃及亞歷山大城出現了亞歷山大大帝陵墓。有人說，是他的部下托勒密將軍（後來成為埃及王）把他的遺體運到了亞歷山大城，並為他建造了一座富麗堂皇的陵墓。

此後幾個世紀，凱撒、屋大維、提比略等羅馬皇帝都曾到此朝拜過。但是到了三世紀，亞歷山大大帝陵墓卻突然消失了。有人說是被海水吞沒了，有人說是被異教徒毀壞了。到十九世紀初，這裡開始重建海港，古老的建築遺址成了採石場，有許多遺跡被深埋地下。亞歷山大城的歷史遺跡也蕩然無存了。

按古希臘的習俗，創建城市的國王，在他死後一般都要埋葬在城市中心。因而有的考古學家分析認為，陵墓很有可能在位於城市東部的皇宮區。也有人認為，陵墓應在兩條街道的交叉點上。可是陵墓的具體位置始終

撲朔迷離。

　　一九六四年的一天，埃及亞歷山大市的報紙發表了一則消息：「馬其頓國王亞歷山大的陵墓找到了——波蘭考古學家們的巨大成就！」這則消息引起了全世界的關注。但是，後來卻證實被發現的並不是亞歷山大大帝的陵墓，而是古羅馬時期的一座劇院遺址。

　　近年來，波蘭考古學家瑪麗亞·貝爾納德對當地出土的古陶燈進行了一番研究後發現，陶燈的上面繪製了古代亞歷山大城的模型。於是她對陵墓的位置做了一個有趣的推測，認為在模型中的許多建築物之中，有一個圓錐形的建築物可能就是亞歷山大大帝的陵墓。因為，屋大維的陵墓就是尖頂圓錐形建築，這種墓形很可能就是仿造亞歷山大大帝陵墓修建的。

　　英國人維斯也曾對托勒密王朝的墓地進行過分析研究，認為這些墓應當同亞歷山大大帝陵墓相像。二十世紀七〇年代，專門研究古代馬其頓歷史的考古學家安得羅尼克斯發現了亞歷山大的父親——腓力二世的陵墓，使人們對亞歷山大大帝陵墓的猜測更有了可以參考的依據。這個發現被認為是上個世紀考古中最偉大的發現。驚喜之餘，人們不禁要問：腓力二世國王的陵墓尚能找

到，他兒子的陵墓有一天應該也會被發現吧？不過，這只是人們的期待，畢竟一直以來還沒有發現任何與亞歷山大大帝陵墓有直接關聯的線索。我們只能耐心等待有人來解開這個未解之謎了。

 **相關連結**

馬其頓帝國

馬其頓帝國是古希臘西北部的一個王國，地處希臘中北部。其史上最輝煌的時刻，是由國王亞歷山大三世開創。亞歷山大帝國是歷史上繼波斯帝國之後第二個地跨歐、亞、非三洲的帝國。

帕卡爾王陵

帕卡爾王陵的發現是二十世紀考古學界最重大的事件之一。許多年來,人們一直認為瑪雅金字塔就是瑪雅人用來進行祭祀活動的神廟,它與用做陵墓的埃及金字塔不同。然而帕卡爾王陵的發現,使這種觀點發生了變化。

意外的發現

帕倫克是一座由瑪雅人建造的有許多神廟的都城,但早在西班牙人進入美洲的前幾個世紀,不知為什麼被突然棄置了。帕倫克城裡有一座最雄偉的金字塔建築——碑銘神廟,它是一座廟宇,也是一座墳墓。一九五二年,墨西哥考古學家阿爾維托·魯茲在這座神廟底部

發現了帕卡爾王陵。

　　時間倒流至一九四九年。魯茲看到神廟碑銘附近的地板與神廟其他地方的地板不同，銘碑附近的地板是用切割良好的大塊石板鋪成，這讓他感到有些奇怪。他仔細觀察了一下前後左右的情況，發現在後面一間屋子裡的一塊石板上有兩排圓形凹陷，裡面嵌著石栓。難道石栓是供搬開地板用的？魯茲接著又發現第二間屋子的後牆一直延伸到地板下面。更令他不解的是，地板中間的一塊石板上還有兩排人工鑿出的孔洞。雖然孔洞已經被人堵住了，但考古學家的直覺告訴他，那下面一定暗藏玄機。

　　石板被移開，一條塞滿沙石的樓梯露了出來，原來裡面是一口樓梯井。此後又花了三年時間，樓梯裡的瓦礫才全部被清除。魯茲和他的同事們終於來到了樓梯井底，在這裡，他們看到了一個石盒，裡邊裝著陶碗、滿是顏料的貝殼、玉耳環、玉珠和一顆珍珠，旁邊還放著一個裝有六副人骨的箱子。

　　魯茲開始意識到此處可能離某個重大發現不遠了，再往下去，也許就是某位瑪雅權貴的墓室。可就在這時，一個被三角形厚石板堵住的入口進入了他們的眼

簾。魯茲和同事們好不容易才把這塊厚石板移開一點，看到了一條向下延伸的通道，一直通往神廟中軸線下的一間拱頂密室。不出魯茲所料，密室裡果然放著一具石棺。這真是個了不起的發現，因為這是在中美洲發現的第一座類似古埃及金字塔的陵墓。

瑪雅之謎

這座深埋在地下的墓室長九‧一四公尺，高七公尺，拱形屋頂用石柱支撐，四周的牆壁裝飾著浮雕，描繪的是統治黑夜的九位瑪雅神。墓室中央擺放著石棺，棺蓋上刻有精美的浮雕。這塊石板棺蓋重達五噸，人們費了很大的力氣才將它挪開，不知當時的瑪雅人是如何將這副沉重無比的石棺搬入地下墓室的。棺內躺著一副高大的人骨，上罩著一個鑲嵌了兩百塊玉片的面具，四周堆滿了各種珍貴的玉器、護身符和手鐲。種種跡象表明，這副人骨就是七世紀時帕倫克的統治者——帕卡爾王。

令人奇怪的是，一根蛇狀的黏土管子從石棺內通向了墓室入口，之後又沿著階梯一直通到神廟頂部。這是用來幹什麼的呢？有人認為，這是死者想透過這種「心理管道」，把自己同活人的世界聯結在一起。因石棺腳

下面，還發現了兩具灰泥雕塑頭像，它們集中體現了瑪雅藝術的全部優點：雕像體積把握非常好，畫面平衡，人物外形在寂靜中充滿威嚴，不僅逼真反映了人物形象，還把人物內心深處壓抑不住的恐慌、神思、嚴峻等內在情感都表現得淋漓盡致。

石棺上的精美浮雕也保存得很好，清楚地顯示了一個半躺著的男子，他上身前傾，伸出雙手，兩眼凝視前方。人們對這個形象充滿疑問，有人認為它表現帕卡爾在彌留之際掉進一個陰間怪獸嘴裡的情景，也有人認為這描繪了帕卡爾以一種胎兒的姿勢降入地下世界的情景。而那男子身上還長出了一棵世界樹，樹上有一隻神鳥。儘管他像太陽下山一樣沉入了地下世界，但從石棺兩旁刻劃的形象來看，他即將進入下一重的生死輪迴。

不過，還有一種更為離奇的解釋。二十世紀六○年代，有人曾經認為石棺上鐫刻的人身上穿著的是緊身衣，頭上的弧形物和管子是一種類似天線的裝置。而他的姿態之所以如此奇特，是因為他在操縱著某種人們至今無法知曉的儀器。他身下的那輛「車」前面部分很尖，車尾是急速噴射的火舌，顯示他正坐在一艘宇宙飛船裡，飛往太空。神祕的瑪雅人已經留給我們太多無法解開的謎。

地下陵寢中的寶藏

古印加奇姻王國首都廢墟下的國王陵墓被祕魯政府保護了起來。在嚴密防衛下，兩位經驗豐富的祕魯考古學家在此地進行了多年研究，他們似乎在尋找著什麼。

據說，在十六世紀下葉，一位名叫古特尼茨的西班牙商人在印第安部落頭人的帶領下來到這座地下國王陵墓中。當古特尼茨穿過錯綜複雜的地下迷宮，來到陵寢時，見到了許多黃金和各種奇珍異寶，其中包括鑲有翡翠眼睛並用黃金鑄造的魚。這些寶物讓他感到萬分震驚。印第安頭人卻告訴他，只要他協助建設當地的公共工程，這些黃金便全歸他所有了。

這可是一個千載難逢的好機會，古特尼茨沒有任何

猶豫，爽快地答應了下來。於是，他如願以償地以一個巨富的姿態返回西班牙。至於古特尼茨獲得了多少黃金，可能永久是個未知數。但根據一五七六年的西班牙稅收記錄記載，古特尼茨不僅向國王密報了這處「小魚」寶藏，而且奉獻了九百磅黃金為稅金，可見，他得到的財富是極多的。然而，在他之後的無數探寶者卻沒有這種運氣，但總有人提供激動人心的線索：在當地廢墟下面，隱藏有一處「大魚」寶藏，裡面擺了更多陪葬的黃金物品。這些線索和說法真真假假，為陵寢蒙上了一層神祕的迷霧，而如何才能揭開這層迷霧，則有賴於那兩位祕魯考古學家的運氣了。

 **相關連結**

世界十大寶藏

世上流傳有「世界十大寶藏之謎」的傳說，這十大寶藏分別是：洛豪德島的海盜遺產、地下陵寢的寶藏、金銀島上埋藏的祕密、「聖荷西號」沉船的珍寶、沉睡海底的黃金船隊、亞馬遜密林的黃金城、神祕失蹤的第八奇觀、葬於海底的加州金礦、變化莫測的錢坑寶藏、恐怖的亞利桑納州金礦。

泰姬陵之謎

　　泰姬陵是莫臥兒王朝第五代皇帝沙賈汗為了紀念他已故皇后阿姬曼·芭奴而建立的陵墓。在二〇〇七年七月七日，它成為世界八大奇跡之一。

　　據說，阿姬曼·芭奴貌美如花，性情溫柔，多才多藝。在二十一歲時嫁給了賈汗吉爾皇帝的三王子庫拉姆。一六二八年，庫拉姆經過一場血戰繼承了王位，並取名沙賈汗，意為世界之王。芭奴也成為了王后，被封為泰姬。但是在一六三一年，她卻因難產而不幸離世，沙賈汗悲痛至極，便為泰姬建造了這座陵墓。當時，沙賈汗還打算在河對面為自己修建一座一模一樣的黑色陵墓，只可惜泰姬陵剛完工不久，他的兒子就篡奪了皇位，將他囚禁了起來。雖然他沒能將自己的陵墓修建起來，但是泰姬陵卻成為古印度「最完美的建築」。

　　泰姬陵全長五百七十六公尺，寬二百九十三公尺，總面積為十七萬平方公尺。整個陵寢全由潔白的大理石

築成，四周被紅砂石牆緊緊包圍。陵寢兩側建有式樣相同的建築：一是清真寺，一是答辯廳。陵的四方各有一座高四十公尺的尖塔，內有五十級階梯。大門和陵寢之間有一條用紅石築成的雨道，兩旁則是人行道，中間還有水池和噴泉，雨道末端就是陵墓所在。整座陵墓在一座高七公尺、長寬各九十五公尺的白色大理石底基上，陵高七十四公

尺，上部為高聳重迭的穹頂，以蒼天為背景，輪廓優美典雅；下部為八角形的陵壁，四面各有一扇高達三十三公尺的巨大拱門。兩邊的門框上用黑色大理石鑲嵌了半部《可蘭經》的經文。在這些鑲嵌的經文中，最著名的一句就是「邀請心地純潔者，進入天堂的花園」。

　　為什麼這裡的《可蘭經》只有半部呢？很多人猜測，沙賈汗原本是想將另外半部留在自己的陵寢中，可是由於宮廷政變而不了了之。

　　據說，當時沙賈汗為了建造這座陵寢，曾召集來自全世界的工匠。陵寢內有一扇精美的門扉窗櫺，就是由

中國來的工匠雕刻的。中央的宮室裡設有一道雕花的大理石圍欄，裡面放著世界聞名的沙賈汗和泰姬的兩座大理石棺槨，但這兩座石棺卻不是真的。

從外表上看，由於整座陵墓由純白大理石砌成，因此隨著早晨、正午和傍晚陽光強弱的不同，照射在陵墓上的光線色彩也會變幻莫測，呈現出不同的奇光異景。

目前，有關這座建築物的設計者和藝術風格流派問題，大致有三種說法：一是「伊斯蘭波斯說」。《大英百科全書》的作者始終認為，沙賈汗國王是泰姬陵的建造者，但主要設計者是波斯人。二是「歐亞文化結合說」。這一說法的代表人物是印度史學家史密斯。他堅持認為，泰姬陵是「歐洲和亞洲天才結合的產物」。三是「主體藝術印度說」。堅持這一看法的學者中，最有名望的是印度著名史學家馬宗達。他認為，首先，泰姬陵的平面圖和主要特點與古印度蘇爾王朝舍爾沙的陵墓在建築風格上有前後繼承的關係。其次，就建築材料和方法而言，這一材料及方法早在西印度的拉傑普特藝術中就已存在。最後，考慮到莫臥兒時代印度對西方已經開放，東西方文化交流比較頻繁，西方藝術的某些因素的確對印度建築風格產生了影響，這是完全符合歷史發展邏輯的。

古墓長明燈不熄之謎

世界上有許多古墓，它們都是與世隔絕，終年不見天日，所以一般人會認為裡面應該是伸手不見五指的。可是大家不知道的是，有的古墓的拱頂上，卻亮著一盞明燈，投射著幽幽的光芒。

有關神燈的記載

五二七年，在敘利亞，有一些士兵發現了一個關隘的壁龕裡亮著一盞燈，燈被精巧的罩子罩著。根據當時發現的銘文得知，這盞燈是在公元二十七年被點亮的。直到被他們發現，這盞燈已經持續燃燒了五百年。遺憾的是，士兵們將這盞毀壞了。

一位希臘歷史學家曾記錄了在埃及太陽神廟門上燃燒著的一盞燈。這盞燈不用任何燃料，卻亮了幾個世紀，無論刮風下雨，它都不會熄滅。另外，據羅馬神學家聖·奧古斯丁描述，埃及維納斯神廟裡也有一盞類似

的燈，也是風吹不熄，雨澆不滅。

　　一千四百年，人們發現古羅馬國王之子派勒斯的墳墓裡也點著這樣一盞燈，這盞燈已持續燃燒了兩千多年。風和水都不能將它熄滅，除非抽走燈碗裡的液體。一五三四年，英國國王亨利八世的軍隊在約克郡挖掘羅馬皇帝康斯坦丁之父的墳墓時，發現了一盞還在燃燒的燈，康斯坦丁之父死於三百年，也就是說這盞燈已經燃燒了一千二百多年。

　　一五四〇年，羅馬教皇保羅三世在羅馬的亞壁古道（一條古羅馬大道）旁邊的墳墓裡發現了一盞燃燒的燈。這個墳墓據說是古羅馬政治家西塞羅的女兒之墓，西塞羅的女兒死於公元前四十四年。顯然，這盞燈在這個封閉的拱形墳墓裡燃燒了一五八四年。

　　上述列舉的只是全世界所有發現中的幾例。考古記錄顯示，這種燈在世界各地都有發現，例如在印度、中國、埃及、希臘、南美、北美等許多擁有古老文明的國家和地區裡，而且英國、愛爾蘭、法國等地也出現過。為什麼這麼神奇的長明燈卻沒能保存到今天？是古代人不重視這種長明燈嗎？其實，古代人的確保存了這些神燈，可是很奇怪，上述這些燈一旦現身，就會以某種方

式很快被毀壞掉。難道古人是利用某種魔咒來保守這種技術的祕密？

十七世紀中期，在法國的格勒諾布爾，一位叫杜‧普瑞茲的瑞士士兵偶然發現了一個古墓，在裡面他沒有發現任何金銀珠寶，卻發現了一盞正在燃燒的玻璃燈。他把這盞神祕的燈帶出了墳墓，送給了修道院。修道院裡的僧侶很重視這盞燈，像寶貝一樣保存著它。可惜的是，幾個月後，這盞燈還是被一位老年僧侶不小心碰掉在地上，摔碎了。

另一件奇異的事發生在英格蘭，一個神祕的不同尋常的墳墓被打開了。打開這個墳墓的人發現，在墳墓拱頂上懸掛著一盞燈，照亮了整個墳墓。當這個人往前走時，地板的一部分隨著他的走動在顫動。突然，一個身著盔甲、原本固定的雕像開始移動到燈附近，伸出手中的武器擊毀了這盞燈。這個寶貴的燈就這樣被毀壞了。

古人的目的一次又一次地達到了：長明燈的奧祕被嚴密地保守著，再也沒有後人知道。

誰創造了長明燈

這種燈是如何保持永久不熄的呢？它是遠古的高科

技的產物嗎？

　　根據古埃及、希臘和羅馬等地的風俗，死亡的人需要燈光驅逐黑暗，照亮道路。因此，在墳墓被密封前，習慣放一盞燈在裡面。而富貴榮華之家就要奢侈一些，放上一盞不熄的燈，永遠為死者照亮。因此在千百年以後，當這些墳墓的拱頂被打開時，挖掘者發現裡面的燈還在好好地燃燒著。

　　製造不熄的燈，古人是否輕車熟路？並非如此，一般平民的墓穴裡都並沒有這種燈。不過，並不富貴奢華的古代煉金術士的墓穴裡也會出現這種燈。例如，一六一〇年，一位叫洛斯克魯茲的煉金術士的墳墓在他死了一百二十年後被掘開，人們發現裡面也亮著這樣一盞不熄的燈。於是人們懷疑古時的煉金術士和鑄工懂得製造這種長明燈的技術。難道不熄的燈光與金屬有關？遺憾的是，這種不熄的燈現在再無蹤影，那些過去記載的見聞是不是真實的呢？永不熄滅的燈很自然成為學術界爭論的話題。

　　一部分人認為，世界各國有關長明燈的記錄足以讓人肯定，確實存在這樣一種不熄的燈，或者長久燃燒的燈，只是技術失傳，我們現在的人理解不了。中世紀時

期的大部分有識之士認為，確實存在這種不熄的燈，並且認為這種燈具有某種魔力。

另一部分人則認為，雖然有那麼多有關長明燈的記錄，但現實中並沒有一盞長明燈擺在眾目睽睽之下，而且這種燈的能源問題嚴重違背了能量守恆定律，因此這種不熄的燈應該不存在。還有許多人認為，這也許是古人在書中開的一種聰明的玩笑。

如果長明燈真的存在，那麼它們的能量來源是什麼？或者它們並不是永久長明的，但千百年長久地燃燒，若是普通的煤油燈，就要耗費多少萬升的煤油。難道它們的燃料是能夠不斷補充的？中世紀以後，許多科學家曾經試圖用補充燃料的方式製造一盞長明燈，即在燃料將耗盡時，快速補充燃料。但是沒有一個實驗成功過。即使利用現代的燃料連續補充技術，製造一個千百年長明的燈，也不太現實。

還有一些人大膽推測，這種燈就是使用電的燈，燈碗裡那看似燃料的液體可能就是用來導電的汞，所以燈的「燃料」看起來永不見少，燈本身也不會怕風吹雨打。

古時的希伯來人就祕密地保守著現代叫做電的技術。據描述，十三世紀，一個叫傑徹利的法國人擁有一

盞燈，沒有任何油或燈芯。通常燈被放置在他房間的前廊，每一個人都可以看見。當傑徹利被問及燈為什麼會亮時，他總是微微一笑：「保密。」傑徹利做過許多與電有關的實驗。為了保護自己不被仇家侵犯，他發明了一種放電按鈕，能夠放出一股電流到門上的鐵把手上。當傑徹利按下按鈕時，閃亮的藍色火花就會突然冒出來。如果神燈真的是用電能點亮，那麼電能是如何產生的？難道廟宇或古墓中安裝著能夠發電的機器嗎？要做到一勞永逸地不斷供應電能，只有太陽能發電可以做到。神燈真的是利用太陽能發電嗎？古人似乎不願告訴我們這個祕訣。

巴巴多斯棺材之謎

世界上目前有許多科學不能解釋的現象，其中一個就是巴巴多斯棺材移動之謎。

在巴巴多斯奧斯汀灣有一個由珊瑚石砌成的古老的陵墓——蔡斯家族墓地。這個陵墓長四公尺，寬二公尺，裡面有一個拱形的墓頂，在外面卻是水平的。這個墓的墓口是由一塊沉重的藍色德文郡大理石板封著。

一八〇七年七月，托馬西娜·戈達德夫人被第一個安葬於此。一年以後，一個二歲的女孩瑪麗·安娜·蔡斯也被安葬在這裡。一八一二年七月六日，瑪麗的姐姐多麗絲又隨她而去。據說，多麗絲的死，是托馬斯先生造成的。同年年底，莊園主托馬斯·蔡斯先生也去世了。

按照當時巴巴多斯的習俗，富有的人使用的棺材都是笨重的鉛封結構。想要移動這種棺材，通常需要六至八個壯漢才行。而托馬斯先生的棺材則更為沉重，需要十幾個小伙子才可以移動。當托馬斯先生的棺材進入陵

墓時，陵墓裡並沒有異常。所有的棺材都安靜地躺在原本的位置上。

第一次移動

一八一六年九月二十五日，只有十一個月大的薩繆爾・阿莫斯不幸夭折。當那塊沉重的藍色德文郡大理石墓門被打開時，人們都大吃了一驚。幽暗的陵墓中一片狼藉，瑪麗的小棺材原本橫放在墓穴內，現在卻被底朝上扔到一個小角落裡。戈達德夫人的棺材被翻轉了九十度對著牆躺在旁邊。那個最為笨重的托馬斯先生的鉛封棺・也被挪動了好幾公尺遠，並且被翻轉了九十度，陵墓中發生了什麼事？作為唯一的入口，那扇藍色德文郡大理石墓門被打開前完好無損，絲毫沒有被破壞的痕跡。戈達德夫人的木頭棺材也許容易移動，但是托馬斯先生的鉛封棺材重達半噸，是誰或是什麼力量移動棺材的呢？人們沒有找到答案。然而，這次對亡靈的褻瀆被不公正地安在了黑人頭上。十九世紀早期的巴巴多斯奴隸起義不斷，他們遭到白人種植園主的殘酷鎮壓，所以有可能搗毀陵墓來洩憤。但這種解釋不能使人信服，因為陵墓入口完好無損，陵墓中沒有人為的痕跡，守墓人

也沒有發現有人闖入墓地。人們將棺木重新擺好，並且加強了陵墓的守衛，期望這種令人不安的事不要再發生。

第二次移動

沒過多久，小薩繆爾的父親薩繆爾・布魯斯特在奴隸起義中被殺死，其靈柩要被安葬在家族陵墓中。當大理石墓門緩慢地移開後，裡面的情景讓人再次感到驚訝。棺材又發生了移動。陵墓裡亂糟糟的，就像遭遇過龍捲風的侵襲。這次，戈達德夫人的木棺都變成了碎木條。人們只好把它捆成一捆，放在墓室的牆邊。克萊斯特切奇教區的托馬斯・奧德森教區長和另外三個人將墓室徹底搜查了一遍。所有的牆和地面都沒有裂開的跡象，更沒有暗道。有人猜測墓室可能遭到地下水的衝擊，但是墓室中的每一處看起來都相當乾燥。當時，莊園的工人們就認為這座陵墓被某種超自然的力量所控制，或是受到了詛咒。於是，他們都盡可能遠離墓地。但是，也不缺乏好奇的人，他們甚至希望下次的葬禮能夠早點舉行。

第三次移動

一八一九年，蔡斯家庭的成員特馬西亞・克拉克夫

人去世，陵墓之門將被再次打開。於是，許多好奇的人都聚集在這場葬禮上。

　　大理石墓門打開後，人們看到除了戈達德夫人碎成木條的棺材仍像三年前那樣斜靠在牆邊外，其餘的棺材又被移得凌亂不堪。對於這種現象，人們百思不得其解。如果說是由於自然力的震動、擾動或地下水引起棺材的移動，那麼戈達德夫人的棺材木條只是隨意地倚在牆邊，應該更容易受到影響，但事實卻正好相反。人們再一次將所有的棺材和墓室徹查了一遍，仍然沒有任何線索。那些棺材又被放回原位。人們在地面上撒上一層厚厚的白色沙子，以便能留下什麼東西的腳印或痕跡。沉重的墓門又被水泥封死，而且在水泥上加蓋了封印。

　　最後一次移動人們對此事越來越好奇，他們等不及下次葬禮。一八二〇年四月十八日，經過討論後決定，為了解開棺材移動之謎，他們不再等待下一位家庭成員去世，立刻再次打開陵墓。消息很快傳開，地方長官和一些尊貴的客人也來觀看。封印沒有被動過，依然清晰可辨。水泥被敲開後，大理石墓門仍然難以移動，托馬斯先生的鉛封棺材以一個很陡的角度頂在了門上。這根本無法解釋。更奇怪的是，除了戈達德夫人的碎木棺材

沒有移動外，其他的棺材再次移動。可是沙子上沒有絲毫棺材拖動的跡象，也沒有入侵者的腳印、地下水的痕跡。陵墓每一個部分都像剛建造時一樣堅固，沒有裂痕和石頭鬆動的跡象。人們完全迷惑了，還有一部分人害怕起來，這讓人不得不想起傳說中的幽靈鬼怪。之後，蔡斯陵墓中所有的靈柩被分別厚葬在他處。直到今天，它仍是一座空墓。

國家圖書館出版品預行編目資料

探索古墓未解之謎 / 張晶編著. -- 修訂 1 版. -- 新
北市：黃山國際出版社有限公司, 2023.12
　　　　　面；　　公分. --（百科探索；004）
ISBN 978-986-397-159-7（平裝）
1.CST：古墓　2.CST：考古學

　　　　798.82　　　　112017030

百科探索 004
探索古墓未解之謎

編　　著　張晶
出　　版　黃山國際出版社有限公司
　　　　　220 新北市板橋區縣民大道 3 段 93 巷 30 弄 25 號 1 樓
　　　　　電話：02-32343788　　傳真：02-22234544
　　　　　E-mail：pftwsdom@ms7.hinet.net
印　　刷　百通科技股份有限公司
　　　　　電話：02-86926066 傳真：02-86926016
總 經 銷　貿騰發賣股份有限公司
　　　　　新北市 235 中和區立德街 136 號 6 樓
　　　　　電話：02-82275988　　傳真：02-82275989
　　　　　網址：www.namode.com
版　　次　2023 年 12 月修訂 1 版
特　　價　新台幣 320 元（缺頁或破損的書，請寄回更換）

ISBN：978-986-397-159-7